특 허 증
CERTIFICATE OF PATENT

특 허 제 0525479 호
(PATENT NUMBER)

출원번호 (APPLICATION NUMBER) 제 2003-0063714 호

출 원 일 (FILING DATE:YY/MM/DD) 2003년 09월 15일

등 록 일 (REGISTRATION DATE:YY/MM/DD) 2005년 10월 25일

발명의명칭 (TITLE OF THE INVENTION)
한자학습교재

특허권자 (PATENTEE)
김영준 (450117-1******)

경기도 성남시 중원구 상대원1동 152-3 삼익아파트 102-508

발명자 (INVENTOR)
김영준 (450117-1******)

경기도 성남시 중원구 상대원1동 152-3 삼익아파트 102-508

위의 발명은 「특허법」에 의하여 특허등록원부에 등록되었음을 증명합니다.
(THIS IS TO CERTIFY THAT THE PATENT IS REGISTERED ON THE REGISTER OF THE KOREAN INTELLECTUAL PROPERTY OFFICE.)

2005년 10월 25일

저자 약력

· 남원 서당 南軒 吳奎烈 선생 師事
· 판소리 蓮堂 文孝心, 東丘 金二坤 선생 師事
· 고려대학교 교육대학원 CEO 최고위과정 수료
· 발명특허 한자학습교재 개발 (특허 제 0525479호)
· 발명특허 한자학습교재 개발 (특허 제 0615680호)
· 경기 성남 금상초등학교, 성남초등학교 특기적성교사
· 통일부 하나원, 성남문화원, 서현문화의집 강사
· 건국대학교, 한국능률협회, CBS교육문화센터 강사
· (사)한중문자교류협회·한중상용한자능력검정회장
· 한국한자학습개발원 원장

특허받은 쉬운한자 검정대비를 위한-
초등한자 2학년 -200자-

2022년 11월 30일 제판 6쇄 인쇄
2024년 1월 10일 제판 7쇄 발행

엮은이 김 영 준
펴낸이 박 종 수
펴낸곳 태평양저널
주 소 서울특별시 영등포구 신길동 337
전 화 02) 834-1806
팩 스 02) 834-1802
등 록 1991년 5월 3일(제03-00468)

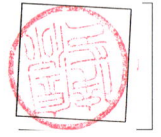

※ 본 교재는 저작권 등록 및 특허 등록된 저작물입니다.
　무단복제를 금하며 동일유사하게 모방하는 행위는
　법의 저촉을 받습니다.

　잘못 만들어진 책은 바꾸어 드립니다.

ISBN 89-9064228-0

정   가   8,000원

- 차 례 -

이 책의 특징	4
책머리말	5
본 교재의 교수 학습방법	6
7급 (100자) 훈,음,표	7
7급 (150자) 훈,음,표	9
6급 (200자) 훈,음,표	11
사자성어 익히기	13
본 교재의 학습방법 및 학습순서	15
7급(6) 한자의 훈과 음을 쓰기	17
7급(6) 예상문제	23
7급(6) 예상문제 정답	27
7급(7) 한자의 훈과 음을 쓰기	29
7급(7) 예상문제	35
7급(7) 예상문제 정답	39
7급(8) 한자의 훈과 음을 쓰기	41
7급(8) 예상문제	47
7급(8) 예상문제 정답	51
7급(9) 한자의 훈과 음을 쓰기	53
7급(9) 예상문제	59
7급(9) 예상문제 정답	63
7급(10) 한자의 훈과 음을 쓰기	65
7급(10) 예상문제	71
7급(10) 예상문제 정답	75
6급(1) 한자의 훈과 음을 쓰기	77
6급(1) 예상문제	83
6급(1) 예상문제 정답	87
6급(2) 한자의 훈과 음을 쓰기	89
6급(2) 예상문제	96
6급(2) 예상문제 정답	99
6급(3) 한자의 훈과 음을 쓰기	101
6급(3) 예상문제	108
6급(3) 예상문제 정답	111
6급(4) 한자의 훈과 음을 쓰기	113
6급(4) 예상문제	120
6급(4) 예상문제 정답	123
6급(5) 한자의 훈과 음을 쓰기	125
6급(5) 예상문제	131
6급(5) 예상문제 정답	135
7급(1~5) 기출·예상문제	137
7급(1~5) 기출·예상문제 정답	147
부수자(部,首,字 : 214자) 일람표	152

이 책의 특징

1. 본문을 한자의 ① 훈음 ② 독음 ③ 한자어의 뜻으로 간결하게 구성하여, 한자의 삼요소(三要素)를 효과적으로 익힐 수 있도록 하였다.

2. 본문의 '이고요' 부분에는 새로 나온 한자의 훈음과 독음을 적어 놓았고, '입니다' 부분에는 이전에 배운 한자로 조어(造語)된 낱말의 뜻을 간명하게 설명하여 국어의 정확한 뜻을 확실하게 알 수 있도록 하였다.

3. 효과적인 학습전략으로 10자를 익힌 후 곧바로 한자능력검정시험 유형의 '예상문제' 란을 만들어 폭넓은 한자 활용능력을 숙달(熟達) 시키고, 한자능력검정시험에 이력이 나도록 하였다.

▶ **한자는 교육의 성공을 보장받는 지름길이다.**

초등학교 1학년부터 기초학력을 튼튼히 다져두는 것이 중등 및 고등 교육의 성공을 보장받는 지름길이다.

▶ **한자는 학업의 성적을 좌우하는 요소다.**

고학년으로 올라갈수록 의미 파악이 힘든 학습용어가 대거 등장하므로 한자실력이 학업의 성적을 좌우하는 결정적인 요소가 된다.

▶ **한자는 동북아 교류의 디딤돌이다**

한자는 중국과 일본, 대만 등 한자문화권 국가들과의 정치, 경제, 문화교류에 긍정적인 효과를 낼 수 있는 동북아교류의 디딤돌이다.

▶ **한자는 국가경쟁력을 제고할 수 있는 무기다**

한자를 많이 알면 한국어, 중국어, 일본어 등을 잘 할 수 있으므로 개인은 물론 국가경쟁력을 제고할 수 있는 강력한 무기다.

책 머 리 말

　최근 중국이 경제대국으로 급부상하고 중국과의 교역량이 증대되면서 한자교육에 대한 관심이 고조되고 있습니다.

2009년 11월 초등학교 한자교육의 필요성에 대하여 「한국교육과정평가원」의 설문 조사에 의하면 교사 77.3%, 학부모 89.1%가 초등학교 한자교육을 찬성한 것으로 나타나고 있습니다.

중국이 우리나라의 최대 교역국으로 부상하고 동북아 3국이 한자문화권으로 세계경제의 중심역할을 맡고 있는 지금 한자교육은 국가경쟁력의 중요한 요소가 되고 있습니다.

필자는 2,001년부터 성남시 하대원동·단대동 주민자치센터 강사를 시작으로 성남시 금상초등학교·성남초등학교 특기적성교사로 재직하고 있는 오늘에 이르기까지 줄곧 어린이 한자 교육과 함께 학습교재와 교수학습 방법에 대한 연구에 몰두해 왔습니다.

　본 교재는 '발명특허 제 0525479호'의 학습교재로, 한자의 ①훈 음, ②독 음, ③한자어의 뜻을 7.5조(일곱 자, 다섯 자)의 음조로 간결하게 구성하여, 본문을 동요처럼 읽으며 한자의 삼요소를 효과적으로 익힐 수 있도록 하였습니다.

출판에 앞서 「방과 후 특기적성 한자부」에서 초등학교 어린이들을 대상으로 수년간 한자교육을 해온 결과 아이들이 쉽고 재미있게 학습함으로써, 학생과 학부모들로부터 그 실효를 인정받은 교재입니다.

　이 교재가 학생들이 어렵지 않게 공부할 수 있는 학습서로서 초등학교 한자교육 활성화에 도움이 되기를 바랍니다.

2011년 10월　琴丘 金 泳 俊

본 교재의 교수-학습방법

※ 본 교재는 <u>발명특허</u> 한자 학습교재로
학습자 스스로 자기주도로 공부할 수 있는 교재이므로
선생님은 지도하기 쉽고, 학생은 어렵지 않게 공부할 수 있는 학습서입니다.

⇨ 학생은 본문 학습·한자 쓰기를 하고, 선생님께 【읽기점검】을 한다.

⇨ 교사는 '한자쓰기' 후 오늘 배운 글자를 【읽기점검】하고
  점검일자를 표기한다. 월/일㊞ ※(예: 10쪽 / 105자 時 ~ 安까지)

  ① (가로로) 훈 음 읽기

   時(때   시) 食(밥   식) 植(심을 식) 心(마음 심) 安(편안 안)

  ② (거꾸로) 훈 음 읽기

   安(편안 안) 心(마음 심) 植(심을 식) 食(밥   식) 時(때   시)

  ③ 한자어 읽기

   날 생, 때 시, **생시**   밥 식, 사이 간, **식간**   심을 식, 나무 목, **식목**
   한 일, 마음 심, **일심**   편안 안, 마음 심, **안심**

  ④ 배운 글자까지 (세로로) 훈 음 읽기 ※예: 110자 有(있을 유)까지 배웠다면?

   時(때   시) 語(말씀 어) 食(밥   식) 然(그럴 연) 植(심을 식)
   午(낮   오) 心(마음 심) 右(오른 우) 安(편안 안) 有(있을 유)   월/일㊞

⇨ 교사는 수시로 【100자 단위로 읽기점검】하고
  점검일자를 표기한다. 월/일㊞ ※(예: 8쪽 / 100자) 세로로 훈 음 읽기

   一 日 人 靑 東 家 旗 登 命 上 二 月 民 白 西 歌 男 來 文 色
   三 火 山 父 南 間 內 力 問 夕 四 水 外 母 北 江 農 老 物 姓

7급 (100자) 훈음표

* 의 표시는 두 개 이상의 훈 음을 갖고 있는 글자임

一	二	三	四	五	六	七	八	九	十
한 일	두 이	석 삼	넉 사	다섯 오	여섯 륙	일곱 칠	여덟 팔	아홉 구	열 십
日	月	火	水	木	*金	土	寸	女	王
날 일	달 월	불 화	물 수	나무 목	쇠 금 성 김	흙 토	마디 촌	계집 녀	임금 왕
人	民	山	外	大	中	小	年	長	門
사람 인	백성 민	메 산	바깥 외	큰 대	가운데 중	작을 소	해 년	긴 장	문 문
靑	白	父	母	兄	弟	先	生	敎	室
푸를 청	흰 백	아비 부	어미 모	형 형	아우 제	먼저 선	날 생	가르칠 교	집 실
東	西	南	*北	學	校	萬	軍	韓	國
동녘 동	서녘 서	남녘 남	북녘 북 달아날 배	배울 학	학교 교	일만 만	군사 군	나라 한	나라 국
家	歌	間	江	*車	工	空	口	記	氣
집 가	노래 가	사이 간	강 강	수레 차 수레 거	장인 공	빌 공	입 구	기록할 기	기운 기
旗	男	內	農	答	道	冬	同	*洞	動
기 기	사내 남	안 내	농사 농	대답 답	길 도	겨울 동	한가지 동	골 동 밝을 통	움직일 동
登	來	力	老	里	林	立	每	面	名
오를 등	올 래	힘 력	늙을 로	마을 리	수풀 림	설 립	매양 매	낯 면	이름 명
命	文	問	物	方	百	夫	不	事	算
목숨 명	글월 문	물을 문	물건 물	모 방	일백 백	지아비 부	아닐 불	일 사	셈 산
上	色	夕	姓	世	少	所	手	數	市
윗 상	빛 색	저녁 석	성 성	인간 세	적을 소	바 소	손 수	셈 수	저자 시

(100자) ▶「세로로 읽기점검」을 하고, 점검일자를 표기한다. 월/일

一	二	三	四	五	六	七	八	九	十
一月	二日	三十	四年	五年	六月	七日	八十	九十	十月
日	月	火	水	木	金	土	寸	女	王
日	月	火	水	木	金	土	四寸	女軍	王室
人	民	山	外	大	中	小	年	長	門
軍人	國民	靑山	外國	大王	中國	小人	學年	長女	校門
靑	白	父	母	兄	弟	先	生	敎	室
靑軍	白軍	父母	母女	長兄	兄弟	先生	生日	敎室	室外
東	西	南	北	學	校	萬	軍	韓	國
東門	西山	南韓	北韓	學校	校長	十萬	國軍	韓國	國土
家	歌	間	江	車	工	空	口	記	氣
家門	校歌	中間	江山	白車	工事	空白	人口	日記	人氣
旗	男	內	農	答	道	冬	同	洞	動
國旗	男女	國內	農土	正答	國道	秋冬	同門	洞民	生動
登	來	力	老	里	林	立	每	面	名
登校	來年	學力	老母	洞里	農林	國立	每日	外面	名山
命	文	問	物	方	百	夫	不	事	算
生命	文人	學問	文物	東方	百萬	農夫	不動	記事	算數
上	色	夕	姓	世	少	所	手	數	市
年上	靑色	七夕	同姓	世上	少女	名所	手記	數年	市長

월/일 ① /   ② /   ③ /   ④ /   ⑤ /

7급 (150자) 훈 음 표

* 의 표시는 두 개 이상의 훈 음을 갖고 있는 글자임

時	食	植	心	安
때 시	밥 식	심을 식	마음 심	편안 안
語	然	午	右	有
말씀 어	그럴 연	낮 오	오른 우	있을 유
育	邑	入	子	字
기를 육	고을 읍	들 입	아들 자	글자 자
自	場	全	前	電
스스로 자	마당 장	온전 전	앞 전	번개 전
正	祖	足	左	主
바를 정	할아비 조	발 족	왼 좌	주인 주
住	重	地	紙	直
살 주	무거울 중	따 지	종이 지	곧을 직
川	千	天	草	村
내 천	일천 천	하늘 천	풀 초	마을 촌
秋	春	出	*便	平
가을 추	봄 춘	날 출	편할 편.똥오줌 변	평평할 평
下	夏	漢	海	花
아래 하	여름 하	한나라 한	바다 해	꽃 화
話	活	孝	後	休
말씀 화	살 활	효도 효	뒤 후	쉴 휴

(150자) ▶ 오늘 배운 글자를 「읽기점검」하고, 점검일자를 표기한다. 월/일㊞

時	食	植	心	安 105자
生時	食間	植木	一心	安心 /
語	然	午	右	有 110자
語文	天然	上午	右手	有力 /
育	邑	入	子	字 115자
生育	邑民	入口	父子	文字 /
自	場	全	前	電 120자
自立	市場	全力	事前	電力 /
正	祖	足	左	主 125자
正道	祖父	不足	左手	主力 /
住	重	地	紙	直 130자
住所	二重	土地	紙面	直前 /
川	千	天	草	村 135자
山川	千金	天地	草食	農村 /
秋	春	出	*便	平 140자
立秋	立春	出口	便紙	不平 /
下	夏	漢	海	花 145자
下山	春夏	漢江	海軍	花草 /
話	活	孝	後	休 150자
手話	活動	孝女	先後	休日 /

월/일㊞ ① / ② / ③ / ④ / ⑤ /

6급 (200자) 훈 음 표

* 의 표시는 두 개 이상의 훈 음을 갖고 있는 글자임

各	角	感	强	開
각각 각	뿔 각	느낄 감	강할 강	열 개
京	界	計	古	苦
서울 경	지경 계	셀 계	예 고	쓸 고
高	功	公	共	果
높을 고	공 공	공평할 공	한가지 공	실과 과
科	光	交	區	球
과목 과	빛 광	사귈 교	구분할 구	공 구
郡	近	根	今	急
고을 군	가까울 근	뿌리 근	이제 금	급할 급
級	多	短	堂	代
등급 급	많을 다	짧을 단	집 당	대신할 대
待	對	度	圖	*讀
기다릴 대	대할 대	법도 도	그림 도	읽을 독/구절 두
童	頭	等	*樂	例
아이 동	머리 두	무리 등	즐길 락/노래 악	법식 례
禮	路	綠	利	李
예도 례	길 로	푸를 록	이할 리	오얏 리
理	明	目	聞	米
다스릴 리	밝을 명	눈 목	들을 문	쌀 미

(200자) ▶ 오늘 배운 글자를 「읽기점검」하고, 점검일자를 표기한다. 월/일

各	角	感	强	開 155자
各國	角木	感動	强國	開校 /
京	界	計	古	苦 160자
上京	各界	家計	古物	苦學 /
高	功	公	共	果 165자
高級	功名	公正	共同	成果 /
科	光	交	區	球 170자
學科	日光	交代	區別	地球 /
郡	近	根	今	急 175자
郡民	近海	根本	今日	急行 /
級	多	短	堂	代 180자
一級	多數	短文	食堂	代金 /
待	對	度	圖	*讀 185자
待命	對話	年度	地圖	讀書 /
童	頭	等	*樂	例 190자
童心	白頭	一等	苦樂	例年 /
禮	路	綠	利	李 195자
禮物	道路	綠色	便利	李花 /
理	明	目	聞	米 200자
事理	明白	目前	所聞	白米 /

월/일 ① / ② / ③ / ④ / ⑤ /

사자성어 익히기

순	四字成語(사자성어)	네 글자로 이루어진 말 알기
21	名山大川(명산대천)	이름난 산과 큰 내
22	山川草木(산천초목)	산과 내와 풀과 나무
23	上下左右(상하좌우)	위, 아래, 왼쪽, 오른쪽
24	安心立命(안심입명)	모든 것을 하늘에 맡겨 마음이 편안함
25	月下老人(월하노인)	달밤에 만난 전설상의 노인
26	二八靑春(이팔청춘)	16세 무렵의 꽃다운 청춘
27	人山人海(인산인해)	산과 바다처럼 많은 사람이 모여 있음
28	一日三秋(일일삼추)	하루가 삼년 같다는 뜻으로 몹시 기다림
29	自問自答(자문자답)	스스로 묻고 스스로 대답함
30	自生植物(자생식물)	산이나 들에 저절로 나는 식물
31	全心全力(전심전력)	온 마음과 온 힘
32	地上天國(지상천국)	이 세상에서 이룩되는 행복한 사회
33	靑天白日(청천백일)	푸른 하늘이 보이는 밝은 대낮
34	草食動物(초식동물)	풀을 먹고 사는 동물
35	春夏秋冬(춘하추동)	봄·여름·가을·겨울
36	家內工業(가내공업)	집안에서 생산하는 소규모 공업
37	家庭敎育(가정교육)	가정에서 조부모·부모로부터 받은 교육
38	各人各色(각인각색)	사람마다 각기 특색이 있다는 뜻
39	各自圖生(각자도생)	제각기 살아나갈 방법을 꾀함
40	高等動物(고등동물)	진화의 정도가 높은 척추동물

▶ 다음 사자성어를 한자로 쓰고, 뜻을 쓰세요.

순	四字成語(사자성어)	네 글자로 이루어진 말 쓰기
21	명산대천( )	
22	산천초목( )	
23	상하좌우( )	
24	안심입명( )	
25	월하노인( )	
26	이팔청춘( )	
27	인산인해( )	
28	일일삼추( )	
29	자문자답( )	
30	자생식물( )	
31	전심전력( )	
32	지상천국( )	
33	청천백일( )	
34	초식동물( )	
35	춘하추동( )	
36	가내공업( )	
37	가정교육( )	
38	각인각색( )	
39	각자도생( )	
40	고등동물( )	

본 교재의 학습방법 및 학습순서

1 본문 학습

- 아래와 같이 ◯ 을 그리며 학습한다.

▶ 본문 읽기 : **때 시**에 **사이 간**은 '**때 시. 사이 간.**' 시간이고요
　　　　　　태어난 시간 생시입니다.

▶ 한자 쓰기 : 필순에 맞게 한자를 쓴다.

▶ 부수 읽기 : **때 시**의 **부수**는 날 **일**

필순 : 時 時 時 時 時 時 時 時 時 時

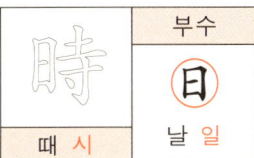

때 시에 사이 간은 時間이고요
　　　　　　　　　　시간
태어난 시간 生時입니다
　　　　　　생시

2 한자 쓰기

한자쓰기 후 (교사는) 오늘 배운 글자를 「읽기점검」하고 점검 일자를 표기한다.
　① (가로로) 훈 음 읽기
　② (거꾸로) 훈 음 읽기
　③ 한자어 읽기
　④ (세로로) 훈 음 읽기

3 쓰기 복습

4 예상 문제

▶ 다음 본문을 읽고, 필순에 맞게 한자를 쓰세요.

필순 : 丨 冂 冂 日 日 旫 時 時 時 時

時	부수 日
때 시	날 일

때 시에 **사이 간**은 時間이고요
태어난 시간 生時입니다

필순 : 人 人 今 今 今 今 食 食 食

食	부수 食
밥 식	밥 식

밥 식에 **앞 전**은 食前이고요
끼니때와 끼니때의 사이 食間입니다.

필순 : 一 十 才 木 木 术 枯 枯 枯 植 植 植

植	부수 木
심을 식	나무 목

심을 식에 **물건 물**은 植物이고요
나무 심도록 정한 날 植木日입니다.

필순 : 丶 心 心 心

心	부수 心
마음 심	마음 심

효도 효에 **마음 심**은 孝心이고요
한마음 一心입니다.

필순 : 丶 宀 宁 安 安 安

安	부수 宀
편안 안	집 면

편안 안에 **온전 전**은 安全이고요
마음을 편안히 가짐 安心입니다.

② - 16

▶ 한자의 훈 음을 쓰고, 필순에 맞게 한자를 따라 쓰세요.

時 때 시	부수 日	時	時	時	때 시	때 시
食 밥 식	부수 食	食	食	食	밥 식	밥 식
植 심을 식	부수 木	植	植	植	심을 식	심을 식
心 마음 심	부수 心	心	心	心	마음 심	마음 심
安 편안 안	부수 宀	安	安	安	편안 안	편안 안

▶ 다음 한자어의 독음을 쓰고, 낱말의 뜻을 쓰세요.

(1) 生時 (   ) :

(2) 食間 (   ) :

(3) 植木日 (   ) :

(4) 一心 (   ) :

(5) 安心 (   ) :

※ 오늘 배운 글자를 선생님께 「읽기점검」한다 ⇨ 105자

▶ 다음 본문을 읽고, 필순에 맞게 한자를 쓰세요.

필순: 語語語語語語語語語語語語語語

나라 국에 말씀 어는 國語이고요
          국어
말과 글 語文입니다.
      어문

필순: 然然然然然然然然然然然然

然 / 부수 火/灬 / 그럴 연 / 불 화

스스로 자에 그럴 연은 自然이고요
                    자연
자연 그대로의 상태 天然입니다.
                  천연

필순: 午午午午

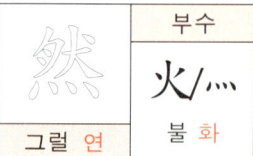

아래 하에 낮 오는 下午이고요
                하오
밤 0시부터 낮12시까지 上午입니다.
                     상오

필순: 右右右右右

右 / 부수 口 / 오른 우 / 입 구

오른 우에 편할 편은 右便이고요
                  우편
오른손 右手입니다.
      우수

필순: 有有有有有有

있을 유에 이름 명은 有名이고요
                  유명
힘이나 세력이 있는 것 有力입니다.
                    유력

▶ 한자의 훈 음을 쓰고, 필순에 맞게 한자를 따라 쓰세요.

語	부수 言	語	語	語		말씀 어	말씀 어
말씀 어							
然	부수 火	然	然	然		그럴 연	그럴 연
그럴 연							
午	부수 十	午	午	午		낮 오	낮 오
낮 오							
右	부수 口	右	右	右		오른 우	오른 우
오른 우							
有	부수 月	有	有	有		있을 유	있을 유
있을 유							

▶ 다음 한자어의 독음을 쓰고, 낱말의 뜻을 쓰세요.

(1) 語文 (   ) :

(2) 天然 (   ) :

(3) 上午 (   ) :

(4) 右手 (   ) :

(5) 有力 (   ) :

※ 오늘 배운 글자를 선생님께 「읽기점검」 한다 ⇨ 110자

▶ 다음 한자의 훈과 음을 쓰고, 한자를 따라 쓰세요.

旗	男	內	農	答
道	冬	同	洞	動
登	來	力	老	里
林	立	每	面	名
命	文	問	物	方
百	夫	不	事	算
上	色	夕	姓	世
少	所	手	數	市
時	食	植	心	安
語	然	午	右	有

▶ 다음 한자의 훈과 음에 맞는 한자를 쓰세요.

기 기	사내 남	안 내	농사 농	대답 답
길 도	겨울 동	한가지 동	골 동	움직일 동
오를 등	올 래	힘 력	늙을 로	마을 리
수풀 림	설 립	매양 매	낯 면	이름 명
목숨 명	글월 문	물을 문	물건 물	모 방
일백 백	지아비 부	아닐 불	일 사	셈 산
윗 상	빛 색	저녁 석	성 성	인간 세
적을 소	바 소	손 수	셈 수	저자 시
때 시	밥 식	심을 식	마음 심	편안 안
말씀 어	그럴 연	낮 오	오른 우	있을 유

▶ 다음 한자어의 독음을 쓰고, 한자어를 따라 쓰세요.

有	力	右	手	上	午	天	然
語	文	安	心	一	心	植	木
食	間	生	時	有	名	右	便
上	午	自	然	國	語	安	全
孝	心	植	物	食	前	時	間

▶ 다음 독음에 맞는 한자어를 쓰세요.

유	력	우	수	상	오	천	연
어	문	안	심	일	심	식	목
식	간	생	시	유	명	우	편
하	오	자	연	국	어	안	전
효	심	식	물	식	전	시	간

7급(6) 예상문제

① 다음 漢字語한자어의 讀音독음을 쓰세요.

<보기>   一月 → (일월)

1) 有力 (   )   2) 右手 (   )

3) 上午 (   )   4) 天然 (   )

5) 語文 (   )   6) 安心 (   )

7) 一心 (   )   8) 植木 (   )

9) 食間 (   )   10) 生時 (   )

11) 有名 (   )   12) 右便 (   )

13) 下午 (   )   14) 自然 (   )

15) 國語 (   )   16) 安全 (   )

17) 孝心 (   )   18) 植物 (   )

19) 食前 (   )   20) 時間 (   )

7급(6) 예상문제   월   일 / 확인

❷ 다음 漢字한자의 訓(훈:뜻)과 音(음:소리)을 쓰세요.

<보기>   十 → (열   십)

21) 時 (   )   22) 植 (   )

23) 安 (   )   24) 然 (   )

25) 右 (   )   26) 食 (   )

27) 心 (   )   28) 語 (   )

29) 午 (   )   30) 有 (   )

❸ 다음 訓(훈:뜻)과 音(음:소리)에 맞는 漢字한자를 <보기>에서 찾아 그 번호를 쓰세요.

<보기>
① 有   ② 心   ③ 語   ④ 午   ⑤ 食
⑥ 安   ⑦ 右   ⑧ 然   ⑨ 植   ⑩ 時

31) 심을 식 (   )   32) 편안 안 (   )

33) 때 시 (   )   34) 그럴 연 (   )

35) 밥 식 (   )   36) 마음 심 (   )

37) 오른 우 (   )   38) 말씀 어 (   )

39) 있을 유 (   )   40) 낮 오 (   )

7급(6) 예상문제

4 다음 밑줄 친 漢字語한자어를 <보기>에서 골라 쓰세요.

<보기>
① 安心   ② 有力   ③ 食間   ④ 植木日

41) 편안히 잘 있으니 <u>안심</u>하여라. ……… (   )

42) 이 약은 <u>식간</u>에 먹어라. ……………… (   )

43) 그 분이 <u>유력</u>한 인물이야. …………… (   )

44) <u>식목일</u>에 나무를 심었다. …………… (   )

5 다음 漢字한자와 상대, 또는 반대되는 漢字한자를 <보기>에서 골라 그 번호를 쓰세요.

<보기>
① 外   ② 間   ③ 空   ④ 答

45) 內 (   )   46) 問 (   )

6 다음 漢字語한자어의 뜻을 쓰세요.

47) 生時 :

48) 一心 :

7급(6) 예상문제

❼ 다음 漢字의 ㉠획은 몇 번째 쓰는지 <보기>에서 찾아 그 번호를 쓰세요.

<보기>
① 첫 번째   ② 두 번째   ③ 세 번째
④ 네 번째   ⑤ 다섯 번째   ⑥ 여섯 번째
⑦ 일곱 번째   ⑧ 여덟 번째   ⑨ 아홉 번째
⑩ 열 번째   ⑪ 열한 번째   ⑫ 열두 번째

49) 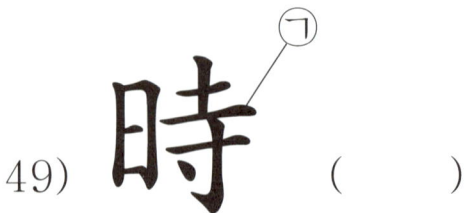 (   )

50)  (   )

7급(6) 예상문제 정답

1	유력	18	식물	35	⑤
2	우수	19	식전	36	②
3	상오	20	시간	37	⑦
4	천연	21	때 시	38	③
5	어문	22	심을 식	39	①
6	안심	23	편안 안	40	④
7	일심	24	그럴 연	41	安心
8	식목	25	오른 우/ 오를 우	42	食間
9	식간	26	밥 식 / 먹을 식	43	有力
10	생시	27	마음 심	44	植木日
11	유명	28	말씀 어	45	①
12	우편	29	낮 오	46	④
13	하오	30	있을 유	47	태어난 시간
14	자연	31	⑨	48	한마음
15	국어	32	⑥	49	⑦
16	안전	33	⑩	50	⑩
17	효심	34	⑧		

▶ 다음 본문을 읽고, 필순에 맞게 한자를 쓰세요.

필순 : 亠 亡 亡 亢 产 育 育 育

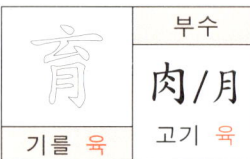

가르칠 교에 기를 육은 **敎育**이고요
　　　　　　　　　　　　교육
낳아서 기르는 것 **生育**입니다.
　　　　　　　　　생육

필순 : 口 므 므 므 吊 吊 邑

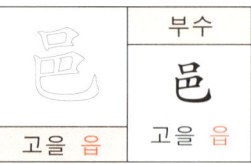

고을 읍에 안 내는 **邑內**이고요
　　　　　　　　　　읍내
같은 읍에 사는 사람 **邑民**입니다.
　　　　　　　　　　　읍민

필순 : 丿 入

들 입에 문 문은 **入門**이고요
　　　　　　　　　입문
들어가는 어귀 **入口**입니다.
　　　　　　　　입구

필순 : 一 了 子

효도 효에 아들 자는 **孝子**이고요
　　　　　　　　　　　효자
아버지와 아들 **父子**입니다.
　　　　　　　　부자

필순 : 丶 宀 宀 宁 字 字

한나라 한에 글자 자는 **漢字**이고요
　　　　　　　　　　　　한자
음과 뜻 등을 표시하는 글자 **文字**입니다.
　　　　　　　　　　　　　　문자

▶ 한자의 훈 음을 쓰고, 필순에 맞게 한자를 따라 쓰세요.

育	부수 肉	育	育	育		
기를 육					기를 육	기를 육
邑	부수 邑	邑	邑	邑		
고을 읍					고을 읍	고을 읍
入	부수 入	入	入	入		
들 입					들 입	들 입
子	부수 子	子	子	子		
아들 자					아들 자	아들 자
字	부수 子	字	字	字		
글자 자					글자 자	글자 자

▶ 다음 한자어의 독음을 쓰고, 낱말의 뜻을 쓰세요.

(1) 生育 (　　　):

(2) 邑民 (　　　):

(3) 入口 (　　　):

(4) 父子 (　　　):

(5) 文字 (　　　):

※ 오늘 배운 글자를 선생님께 「읽기점검」 한다 ⇨ 115자

▶ 다음 본문을 읽고, 필순에 맞게 한자를 쓰세요.

필순 : ᄼ ᅡ ᄼ ᅡ ᄼ ᅥ ᄇ ᅡ

스스로 자에 힘 력은 自力이고요
　　　　　　　　　　자력
스스로 서는 것 自立입니다.
　　　　　　　자립

필순 : 一 十 土 圹 圹 坦 坦 場 場 場 場 場

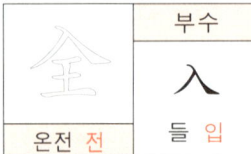

마당 장에 바 소는 場所이고요
　　　　　　　　장소
상품을 팔고 사는 곳 市場입니다.
　　　　　　　　　시장

필순 : ᄼ 入 全 全 全 全

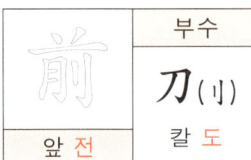

온전 전에 나라 국은 全國이고요
　　　　　　　　　전국
가지고 있는 모든 힘 全力입니다.
　　　　　　　　　전력

필순 : 丷 丷 丷 丷 亻 前 前 前 前

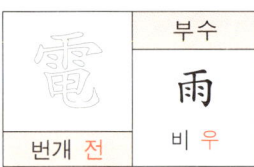

낮 오에 앞 전은 午前이고요
　　　　　　　오전
일을 시작하기 전 事前입니다.
　　　　　　　　사전

필순 : 乛 ᄃ 电 电 電 電 雷 雷 雷 雷 雷 電

번개 전에 기운 기는 電氣이고요
　　　　　　　　　전기
전기의 힘 電力입니다.
　　　　　전력

▶ 한자의 훈 음을 쓰고, 필순에 맞게 한자를 따라 쓰세요.

自	부수 自	自	自	自		
스스로 자					스스로 자	스스로 자
場	부수 土	場	場	場		
마당 장					마당 장	마당 장
全	부수 入	全	全	全		
온전 전					온전 전	온전 전
前	부수 刀	前	前	前		
앞 전					앞 전	앞 전
電	부수 雨	電	電	電		
번개 전					번개 전	번개 전

▶ 다음 한자어의 독음을 쓰고, 낱말의 뜻을 쓰세요.

(1) 自立 (   ) :

(2) 市場 (   ) :

(3) 全力 (   ) :

(4) 事前 (   ) :

(5) 電力 (   ) :

※ 오늘 배운 글자를 선생님께 「읽기점검」 한다 ⇨ 120자

▶ 다음 한자의 훈과 음을 쓰고, 한자를 따라 쓰세요.

登	來	力	老	里
林	立	每	面	名
命	文	問	物	方
百	夫	不	事	算
上	色	夕	姓	世
少	所	手	數	市
時	食	植	心	安
語	然	午	右	有
育	邑	入	子	字
自	場	全	前	電

▶ 다음 한자의 훈과 음에 맞는 한자를 쓰세요.

오를 등	올 래	힘 력	늙을 로	마을 리
수풀 림	설 립	매양 매	낯 면	이름 명
목숨 명	글월 문	물을 문	물건 물	모 방
일백 백	지아비 부	아닐 불	일 사	셈 산
윗 상	빛 색	저녁 석	성 성	인간 세
적을 소	바 소	손 수	셈 수	저자 시
때 시	밥 식	심을 식	마음 심	편안 안
말씀 어	그럴 연	낮 오	오른 우	있을 유
기를 육	고을 읍	들 입	아들 자	글자 자
스스로 자	마당 장	온전 전	앞 전	번개 전

▶ 다음 한자어의 독음을 쓰고, 한자어를 따라 쓰세요.

電	力	事	前	全	力	市	場
自	立	文	字	父	子	入	口
邑	民	生	育	電	氣	午	前
全	國	場	所	自	力	漢	字
孝	子	入	門	邑	內	教	育

▶ 다음 독음에 맞는 한자어를 쓰세요.

전	력	사	전	전	력	시	장
자	립	문	자	부	자	입	구
읍	민	생	육	전	기	오	전
전	국	장	소	자	력	한	자
효	자	입	문	읍	내	교	육

7급(7) 예상문제 월 일 / 확인

❶ 다음 漢字語한자어의 讀音독음을 쓰세요.

<보기>　一月 → (일월)

1) 電力 (　　　)　　2) 事前 (　　　)

3) 全力 (　　　)　　4) 市場 (　　　)

5) 自立 (　　　)　　6) 文字 (　　　)

7) 父子 (　　　)　　8) 入口 (　　　)

9) 邑民 (　　　)　　10) 生育 (　　　)

11) 電氣 (　　　)　　12) 午前 (　　　)

13) 全國 (　　　)　　14) 場所 (　　　)

15) 自力 (　　　)　　16) 漢字 (　　　)

17) 孝子 (　　　)　　18) 入門 (　　　)

19) 邑內 (　　　)　　20) 敎育 (　　　)

7급(7) 예상문제

월   일 / 확인

❷ 다음 漢字한자의 訓(훈:뜻)과 音(음:소리)을 쓰세요.

<보기>   十 → (열   십)

21) 育 (   )   22) 入 (   )

23) 字 (   )   24) 場 (   )

25) 前 (   )   26) 邑 (   )

27) 子 (   )   28) 自 (   )

29) 全 (   )   30) 電 (   )

❸ 다음 訓(훈:뜻)과 音(음:소리)에 맞는 漢字한자를 <보기>에서 찾아 그 번호를 쓰세요.

<보기>
① 育   ② 自   ③ 前   ④ 場   ⑤ 全
⑥ 電   ⑦ 字   ⑧ 邑   ⑨ 子   ⑩ 入

31) 들 입 (   )   32) 글자 자 (   )

33) 고을 읍 (   )   34) 아들 자 (   )

35) 번개 전 (   )   36) 온전 전 (   )

37) 스스로 자 (   )   38) 앞 전 (   )

39) 마당 장 (   )   40) 기를 육 (   )

7급(7) 예상문제

④ 다음 밑줄 친 漢字語한자어를 <보기>에서 골라 쓰세요.

<보기>
① 市場   ② 入口   ③ 父子   ④ 自立

41) 그는 <u>자립</u>한 사람이다. ……………( )

42) 동네 <u>입구</u>에서 만나자. ……………( )

43) <u>부자</u>가 함께 등산을 갔다. ……………( )

44) <u>시장</u>에서 과일을 샀다. ……………( )

⑤ 다음 漢字한자와 상대, 또는 반대되는 漢字한자를 <보기>에서 골라 그 번호를 쓰세요.

<보기>
① 心   ② 民   ③ 女   ④ 自

45) 物 ( )   46) 子 ( )

⑥ 다음 漢字語한자어의 뜻을 쓰세요.

47) 父子 :

48) 自立 :

7급(7) 예상문제   월   일 / 확인

7 다음 漢字의 ㉠획은 몇 번째 쓰는지 <보기>에서 찾아 그 번호를 쓰세요.

<보기>		
① 첫 번째	② 두 번째	③ 세 번째
④ 네 번째	⑤ 다섯 번째	⑥ 여섯 번째
⑦ 일곱 번째	⑧ 여덟 번째	⑨ 아홉 번째
⑩ 열 번째	⑪ 열한 번째	⑫ 열두 번째

49) 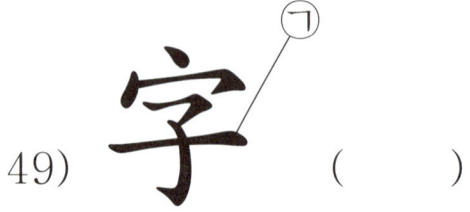   (   )

50) 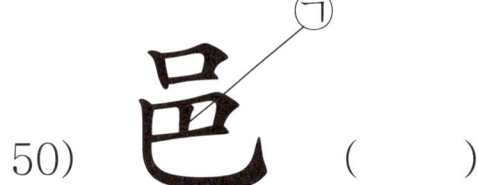   (   )

7급(7) 예상문제 정답

1	전력	18	입문	35	⑥
2	사전	19	읍내	36	⑤
3	전력	20	교육	37	②
4	시장	21	기를 육	38	③
5	자립	22	들 입	39	④
6	문자	23	글자 자	40	①
7	부자	24	마당 장	41	自立
8	입구	25	앞 전	42	入口
9	읍민	26	고을 읍	43	父子
10	생육	27	아들 자	44	市場
11	전기	28	스스로 자	45	①
12	오전	29	온전 전	46	③
13	전국	30	번개 전	47	아버지와 아들
14	장소	31	⑩	48	스스로 서는 것
15	자력	32	⑦	49	⑥
16	한자	33	⑧	50	⑤
17	효자	34	⑨		

▶ 다음 본문을 읽고, 필순에 맞게 한자를 쓰세요.

필순: 一 丁 下 正 正

正	부수 止
바를 정	발 지

바를 정에 낮 면은 正面이고요
                  정면
올바른 도리 正道입니다.
            정도

필순: 祖 礻 礻 ネ 礻 礻 祀 袓 袓 祖

祖	부수 示/礻
할아비 조	보일 시

할아비 조에 나라 국은 祖國이고요
                      조국
할아버지 祖父입니다.
        조부

필순: 丶 口 口 口 尸 足

足	부수 足
발 족	발 족

손 수에 발 족은 手足이고요
                수족
넉넉하지 않음 不足입니다.
              부족

필순: 一 ナ 左 左 左

左	부수 工
왼 좌	장인 공

왼 좌에 편할 편은 左便이고요
                  좌편
왼손 左手입니다
    좌수

필순: 丶 亠 三 主 主

主	부수 丶
주인 주	점 주

주인 주에 사람 인은 主人이고요
                    주인
중심이 되는 세력 主力입니다.
                주력

▶ 한자의 훈 음을 쓰고, 필순에 맞게 한자를 따라 쓰세요.

正	부수 止	正	正	正		
바를 정					바를 정	바를 정
祖	부수 示	祖	祖	祖		
할아비 조					할아비 조	할아비 조
足	부수 足	足	足	足		
발 족					발 족	발 족
左	부수 工	左	左	左		
왼 좌					왼 좌	왼 좌
主	부수 丶	主	主	主		
주인 주					주인 주	주인 주

▶ 다음 한자어의 독음을 쓰고, 낱말의 뜻을 쓰세요.

(1) 正道 (   ) :

(2) 祖父 (   ) :

(3) 不足 (   ) :

(4) 左手 (   ) :

(5) 主力 (   ) :

※ 오늘 배운 글자를 선생님께 「읽기점검」 한다 ⇨ 125자

▶ 다음 본문을 읽고, 필순에 맞게 한자를 쓰세요.

필순 : 〰 亻 亻 亻 住 住 住

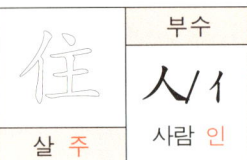

살 주에 백성 민은 住民이고요
　　　　　　　　　　주민
실제로 사는 곳 住所입니다.
　　　　　　　주소

필순 : 一 二 千 千 千 重 重 重 重

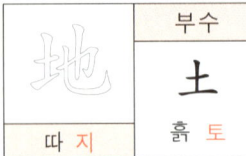

무거울 중에 큰 대는 重大이고요
　　　　　　　　　중대
두 겹으로 겹침 二重입니다.
　　　　　　이중

필순 : 一 十 土 圠 地 地

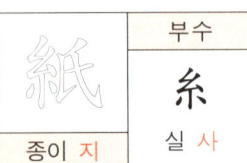

따 지에 아래 하는 地下이고요
　　　　　　　　지하
땅 · 흙 土地입니다.
　　　토지

필순 : 〰 〰 幺 幺 糸 糸 紅 紙 紙 紙

흰 백에 종이 지는 白紙이고요
　　　　　　　　백지
신문기사 실린 종이 紙面입니다.
　　　　　　　　지면

필순 : 一 十 古 古 直 直 直 直

곧을 직 / 目 / 눈 목

바를 정에 곧을 직은 正直이고요
　　　　　　　　　정직
일이 생기기 바로 전 直前입니다.
　　　　　　　　직전

▶ 한자의 훈 음을 쓰고, 필순에 맞게 한자를 따라 쓰세요.

住	부수 人	住	住	住		
살 주					살 주	살 주
重	부수 里	重	重	重		
무거울 중					무거울 중	무거울 중
地	부수 土	地	地	地		
따 지					따 지	따 지
紙	부수 糸	紙	紙	紙		
종이 지					종이 지	종이 지
直	부수 目	直	直	直		
곧을 직					곧을 직	곧을 직

▶ 다음 한자어의 독음을 쓰고, 낱말의 뜻을 쓰세요.

(1) 住所 (　　　) :

(2) 二重 (　　　) :

(3) 土地 (　　　) :

(4) 紙面 (　　　) :

(5) 直前 (　　　) :

※ 오늘 배운 글자를 선생님께 「읽기점검」 한다 ⇨ 130자

② - 43

▶ 다음 한자의 훈과 음을 쓰고, 한자를 따라 쓰세요.

命	文	問	物	方
百	夫	不	事	算
上	色	夕	姓	世
少	所	手	數	市
時	食	植	心	安
語	然	午	右	有
育	邑	入	子	字
自	場	全	前	電
正	祖	足	左	主
住	重	地	紙	直

▶ 다음 한자의 훈과 음에 맞는 한자를 쓰세요.

목숨 명	글월 문	물을 문	물건 물	모 방
일백 백	지아비 부	아닐 불	일 사	셈 산
윗 상	빛 색	저녁 석	성 성	인간 세
적을 소	바 소	손 수	셈 수	저자 시
때 시	밥 식	심을 식	마음 심	편안 안
말씀 어	그럴 연	낮 오	오른 우	있을 유
기를 육	고을 읍	들 입	아들 자	글자 자
스스로 자	마당 장	온전 전	앞 전	번개 전
바를 정	할아비 조	발 족	왼 좌	주인 주
살 주	무거울 중	따 지	종이 지	곧을 직

▶ 다음 한자어의 독음을 쓰고, 한자어를 따라 쓰세요.

直	前	紙	面	土	地	二	重
住	所	主	力	左	手	不	足
祖	父	正	道	正	直	白	紙
地	下	重	大	住	民	主	人
左	便	手	足	祖	國	正	面

▶ 다음 독음에 맞는 한자어를 쓰세요.

직	전	지	면	토	지	이	중
주	소	주	력	좌	수	부	족
조	부	정	도	정	직	백	지
지	하	중	대	주	민	주	인
좌	편	수	족	조	국	정	면

7급(8) 예상문제

1 다음 漢字語한자어의 讀音독음을 쓰세요.

<보기>　一月 → (일월)

1) 直前 (　　　)　　2) 紙面 (　　　)

3) 土地 (　　　)　　4) 二重 (　　　)

5) 住所 (　　　)　　6) 主力 (　　　)

7) 左手 (　　　)　　8) 不足 (　　　)

9) 祖父 (　　　)　　10) 正道 (　　　)

11) 正直 (　　　)　　12) 白紙 (　　　)

13) 地下 (　　　)　　14) 重大 (　　　)

15) 住民 (　　　)　　16) 主人 (　　　)

17) 左便 (　　　)　　18) 手足 (　　　)

19) 祖國 (　　　)　　20) 正面 (　　　)

7급(8) 예상문제

❷ 다음 漢字한자의 訓(훈:뜻)과 音(음:소리)을 쓰세요.

<보기> 十 → (열 십)

21) 正 (   )   22) 足 (   )
23) 主 (   )   24) 重 (   )
25) 紙 (   )   26) 祖 (   )
27) 左 (   )   28) 住 (   )
29) 地 (   )   30) 直 (   )

❸ 다음 訓(훈:뜻)과 音(음:소리)에 맞는 漢字한자를 <보기>에서 찾아 그 번호를 쓰세요.

<보기>
① 直 ② 住 ③ 祖 ④ 重 ⑤ 足
⑥ 地 ⑦ 左 ⑧ 紙 ⑨ 主 ⑩ 正

31) 따 지 (   )   32) 곧을 직 (   )
33) 발 족 (   )   34) 바를 정 (   )
35) 왼 좌 (   )   36) 살 주 (   )
37) 주인 주 (   )   38) 무거울 중 (   )
39) 종이 지 (   )   40) 할아비 조 (   )

7급(8) 예상문제

④ 다음 밑줄 친 漢字語한자어를 <보기>에서 골라 쓰세요.

<보기>
① 不足   ② 直前   ③ 土地   ④ 二重

41) 자금이 <u>부족</u>하다. ·························· (   )

42) 우리 반 <u>직전</u> 반장이다. ·················· (   )

43) <u>토지</u>가 있어야 농사를 짓는다. ········· (   )

44) <u>이중</u>으로 고생을 했다. ···················· (   )

⑤ 다음 漢字한자와 상대, 또는 반대되는 漢字한자를 <보기>에서 골라 그 번호를 쓰세요.

<보기>
① 力   ② 足   ③ 右   ④ 全

45) 手 (   )   46) 左 (   )

⑥ 다음 漢字語한자어의 뜻을 쓰세요.

47) 住所 :

48) 不足 :

7급(8) 예상문제 월 일 / 확인

7 다음 漢字의 ㉠획은 몇 번째 쓰는지 <보기>에서 찾아 그 번호를 쓰세요.

<보기>
① 첫 번째   ② 두 번째   ③ 세 번째
④ 네 번째   ⑤ 다섯 번째   ⑥ 여섯 번째
⑦ 일곱 번째   ⑧ 여덟 번째   ⑨ 아홉 번째
⑩ 열 번째   ⑪ 열한 번째   ⑫ 열두 번째

49) 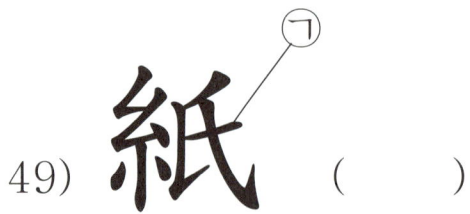 (   )

50)  (   )

7급(8) 예상문제 정답

1	직전	18	수족	35	⑦
2	지면	19	조국	36	②
3	토지	20	정면	37	⑨
4	이중	21	바를 정	38	④
5	주소	22	발 족	39	⑧
6	주력	23	주인 주	40	③
7	좌수	24	무거울 중	41	不足
8	부족	25	종이 지	42	直前
9	조부	26	할아비 조	43	土地
10	정도	27	왼 좌	44	二重
11	정직	28	살 주	45	②
12	백지	29	따 지	46	③
13	지하	30	곧을 직	47	실제로 사는 곳
14	중대	31	⑥	48	넉넉하지 않음
15	주민	32	①	49	⑨
16	주인	33	⑤	50	⑤
17	좌편	34	⑩		

▶ 다음 본문을 읽고, 필순에 맞게 한자를 쓰세요.

필순 : ﾉ ﾉl ﾉll

큰 대에 내 천은 大川이고요
　　　　　　　　　대천
산과 내 山川입니다.
　　　　산천

필순 : ー ニ 千

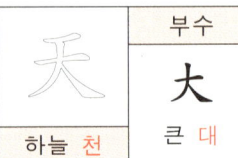

셈 수에 일천 천은 數千이고요
　　　　　　　　　수천
많은 돈 千金입니다.
　　　　천금

필순 : ー ニ 三 天

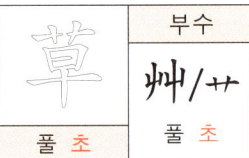

하늘 천에 아래 하는 天下이고요
　　　　　　　　　　천하
하늘과 땅 天地입니다.
　　　　　천지

필순 : ㅛ ㅛ ㅛ ㅛ ㅛ 艹 艹 苎 草 草

풀 초에 나무 목은 草木이고요
　　　　　　　　　초목
풀을먹고 사는 동물 草食動物입니다.
　　　　　　　　　초식동물

필순 : 一 十 ナ 木 村 村 村

메 산에 마을 촌은 山村이고요
　　　　　　　　　산촌
농업을 하며 사는 마을 農村입니다.
　　　　　　　　　　농촌

▶ 한자의 훈 음을 쓰고, 필순에 맞게 한자를 따라 쓰세요.

川	부수 巛	川	川	川		
내 천					내 천	내 천
千	부수 十	千	千	千		
일천 천					일천 천	일천 천
天	부수 大	天	天	天		
하늘 천					하늘 천	하늘 천
草	부수 艸	草	草	草		
풀 초					풀 초	풀 초
村	부수 木	村	村	村		
마을 촌					마을 촌	마을 촌

▶ 다음 한자어의 독음을 쓰고, 낱말의 뜻을 쓰세요.

(1) 山川 (   ) :

(2) 千金 (   ) :

(3) 天地 (   ) :

(4) 草食動物 (   ) :

(5) 農村 (   ) :

※ 오늘 배운 글자를 선생님께 「읽기점검」 한다 ⇨ 135자

▶ 다음 본문을 읽고, 필순에 맞게 한자를 쓰세요.

필순 : 秋 (필순 표시)

秋	부수 禾 벼 화
가을 추	

봄 춘에 가을 추는 春秋이고요
　　　　　　　　　　춘추
가을이 시작되는 절기 立秋입니다.
　　　　　　　　　　입추

필순 : 春 (필순 표시)

春	부수 日 해 일
봄 춘	

푸를 청에 봄 춘은 靑春이고요
　　　　　　　　　청춘
봄이 시작되는 절기 立春입니다.
　　　　　　　　　입춘

필순 : 出 (필순 표시)

出	부수 凵 입벌릴 감
날 출	

날 출에 인간 세는 出世이고요
　　　　　　　　　출세
밖으로 나가는 곳 出口입니다.
　　　　　　　　　출구

필순 : 便 (필순 표시)

便	부수 人/亻 사람 인
편할 편 똥오줌 변	

편할 편에 종이 지는 便紙이고요
　　　　　　　　　　편지
대소변을 볼 수 있게 만들어 놓은 곳 便所입니다.
　　　　　　　　　　　　　　　　변소

필순 : 平 (필순 표시)

平	부수 干 방패 간
평평할 평	

평평할 평에 따 지는 平地이고요
　　　　　　　　　　평지
못마땅하게 여기는 것 不平입니다.
　　　　　　　　　　불평

▶ 한자의 훈 음을 쓰고, 필순에 맞게 한자를 따라 쓰세요.

秋 가을 추	부수 禾	秋	秋	秋	가을 추	가을 추
春 봄 춘	부수 日	春	春	春	봄 춘	봄 춘
出 날 출	부수 山	出	出	出	날 출	날 출
便 편할 편 똥오줌 변	부수 人	便	便	便	편할 편 똥오줌 변	편할 편 똥오줌 변
平 평평할 평	부수 干	平	平	平	평평할 평	평평할 평

▶ 다음 한자어의 독음을 쓰고, 낱말의 뜻을 쓰세요.

(1) 立秋 (   ) :

(2) 立春 (   ) :

(3) 出口 (   ) :

(4) 便所 (   ) :

(5) 不平 (   ) :

※ 오늘 배운 글자를 선생님께 「읽기점검」한다 ⇨ 140자

▶ 다음 한자의 훈과 음을 쓰고, 한자를 따라 쓰세요.

上	色	夕	姓	世
少	所	手	數	市
時	食	植	心	安
語	然	午	右	有
育	邑	入	子	字
自	場	全	前	電
正	祖	足	左	主
住	重	地	紙	直
川	千	天	草	村
秋	春	出	便	平

▶ 다음 한자의 훈과 음에 맞는 한자를 쓰세요.

윗 상	빛 색	저녁 석	성 성	인간 세
적을 소	바 소	손 수	셈 수	저자 시
때 시	밥 식	심을 식	마음 심	편안 안
말씀 어	그럴 연	낮 오	오른 우	있을 유
기를 육	고을 읍	들 입	아들 자	글자 자
스스로 자	마당 장	온전 전	앞 전	번개 전
바를 정	할아비 조	발 족	왼 좌	주인 주
살 주	무거울 중	따 지	종이 지	곧을 직
내 천	일천 천	하늘 천	풀 초	마을 촌
가을 추	봄 춘	날 출	편할 편/똥오줌 변	평평할 평

▶ 다음 한자어의 독음을 쓰고, 한자어를 따라 쓰세요.

不	平	便	所	出	口	立	春
立	秋	農	村	草	食	天	地
千	金	山	川	平	地	便	紙
出	世	靑	春	春	秋	山	村
草	木	天	下	數	千	大	川

▶ 다음 독음에 맞는 한자어를 쓰세요.

불	평	변	소	출	구	입	춘
입	추	농	촌	초	식	천	지
천	금	산	천	평	지	편	지
출	세	청	춘	춘	추	산	촌
초	목	천	하	수	천	대	천

7급(9) 예상문제 월 일 / 확인

❶ 다음 漢字語한자어의 讀音독음을 쓰세요.

<보기> 一月 → (일월)

1) 不平 (   )   2) 便所 (   )

3) 出口 (   )   4) 立春 (   )

5) 立秋 (   )   6) 農村 (   )

7) 草食 (   )   8) 天地 (   )

9) 千金 (   )   10) 山川 (   )

11) 平地 (   )   12) 便紙 (   )

13) 出世 (   )   14) 靑春 (   )

15) 春秋 (   )   16) 山村 (   )

17) 草木 (   )   18) 天下 (   )

19) 數千 (   )   20) 大川 (   )

7급(9) 예상문제   월   일 / 확인

❷ 다음 漢字한자의 訓(훈:뜻)과 音(음:소리)을 쓰세요.

<보기>   十 → (열   십)

21) 川 (   )   22) 天 (   )

23) 村 (   )   24) 春 (   )

25) 便 (   )   26) 千 (   )

27) 草 (   )   28) 秋 (   )

29) 出 (   )   30) 平 (   )

❸ 다음 訓(훈:뜻)과 音(음:소리)에 맞는 漢字한자를 <보기>에서 찾아 그 번호를 쓰세요.

<보기>
① 天   ② 春   ③ 千   ④ 秋   ⑤ 平
⑥ 出   ⑦ 草   ⑧ 便   ⑨ 村   ⑩ 川

31) 편할 편 (   )   32) 일천 천 (   )

33) 풀 초 (   )   34) 가을 추 (   )

35) 날 출 (   )   36) 평평할 평 (   )

37) 마을 촌 (   )   38) 봄 춘 (   )

39) 하늘 천 (   )   40) 내 천 (   )

7급(9) 예상문제

❹ 다음 밑줄 친 漢字語한자어를 <보기>에서 골라 쓰세요.

<보기>
① 立春   ② 春秋   ③ 靑春   ④ 立秋

41) 가을이 시작되는 <u>입추</u>구나. ………… (   )

42) <u>춘추</u>가 어떻게 되십니까? ………… (   )

43) 봄이 시작되는 <u>입춘</u>이야. ………… (   )

44) 할아버지도 <u>청춘</u>시절이 있었단다. …… (   )

❺ 다음 漢字한자와 상대, 또는 반대되는 漢字한자를 <보기>에서 골라 그 번호를 쓰세요.

<보기>
① 千   ② 夏   ③ 秋   ④ 地

45) 天 (   )   46) 春 (   )

❻ 다음 漢字語한자어의 뜻을 쓰세요.

47) 農村 :

48) 出口 :

7급(9) 예상문제   월   일 / 확인

7 다음 漢字의 ㉠획은 몇 번째 쓰는지 <보기>에서 찾아 그 번호를 쓰세요.

<보기>
① 첫 번째   ② 두 번째   ③ 세 번째
④ 네 번째   ⑤ 다섯 번째 ⑥ 여섯 번째
⑦ 일곱 번째 ⑧ 여덟 번째 ⑨ 아홉 번째
⑩ 열 번째   ⑪ 열한 번째 ⑫ 열두 번째

52) 平㉠ (   )

53) 出㉠ (   )

7급(9) 예상문제 정답

1	불평	18	천하	35	⑥
2	변소	19	수천	36	⑤
3	출구	20	대천	37	⑨
4	입춘	21	내 천	38	②
5	입추	22	하늘 천	39	①
6	농촌	23	마을 촌	40	⑩
7	초식	24	봄 춘	41	立秋
8	천지	25	편할 편 똥오줌 변	42	春秋
9	천금	26	일천 천	43	立春
10	산천	27	풀 초	44	靑春
11	평지	28	가을 추	45	④
12	편지	29	날 출	46	③
13	출세	30	평평할 평	47	농업을 하며 사는 마을
14	청춘	31	⑧	48	밖으로 나가는 곳
15	춘추	32	③	49	④
16	산촌	33	⑦	50	①
17	초목	34	④		

▶ 다음 본문을 읽고, 필순에 맞게 한자를 쓰세요.

필순: 下 下 下

下	부수 一
아래 하	한 일

아래 하에 수레 차는 下車이고요
산에서 내려옴 下山입니다.

필순: 夏 夏 夏 百 百 百 頁 夏 夏

夏	부수 夂
여름 하	천천히 걸을 쇠

설 립에 여름 하는 立夏이고요
봄 여름 가을 겨울 春夏秋冬입니다.

필순: 漢 漢 漢 汁 汁 漢 漢 漢 漢 漢 漢 漢 漢 漢

漢	부수 水/氵
한나라 한	물 수

한나라 한에 글월 문은 漢文이고요
서울을 중심으로 흐르는 강 漢江입니다.

필순: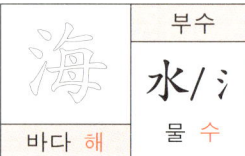

海	부수 水/氵
바다 해	물 수

바다 해에 윗 상은 海上이고요
바다에서 싸우는 군대 海軍입니다.

필순: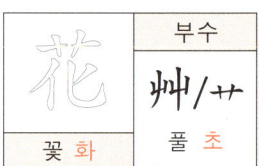

花	부수 艹/艹
꽃 화	풀 초

흰 백에 꽃 화는 白花이고요
꽃이 피는 풀과 나무 花草입니다.

▶ 한자의 훈 음을 쓰고, 필순에 맞게 한자를 따라 쓰세요.

下	부수	一	下	下	下		
아래 하						아래 하	아래 하
夏	부수	夂	夏	夏	夏		
여름 하						여름 하	여름 하
漢	부수	水	漢	漢	漢		
한나라 한						한나라 한	한나라 한
海	부수	水	海	海	海		
바다 해						바다 해	바다 해
花	부수	艸	花	花	花		
꽃 화						꽃 화	꽃 화

▶ 다음 한자어의 독음을 쓰고, 낱말의 뜻을 쓰세요.

(1) 下山 (   ):

(2) 春夏秋冬 (   ):

(3) 漢江 (   ):

(4) 海軍 (   ):

(5) 花草 (   ):

※ 오늘 배운 글자를 선생님께 「읽기점검」한다 ⇨ 145자

▶ 다음 본문을 읽고, 필순에 맞게 한자를 쓰세요.

필순: 訁訁訁訁言訁言訁訁訁話話

話	부수 言
말씀 화	말씀 언

번개 전에 **말씀 화**는 電話이고요
　　　　　　　　　　전화
손짓으로 하는 말 手話입니다.
　　　　　　　　수화

필순: 冫冫冫汗活活活活活

活	부수 水/氵
살 활	물 수

살 활에 **힘 력**은 活力이고요
　　　　　　　　활력
활발하게 움직임 活動입니다.
　　　　　　　　활동

필순: 耂耂耂耂孝孝孝

孝	부수 子
효도 효	아들 자

효도 효에 **길 도**는 孝道이고요
　　　　　　　　효도
효도하는 딸 孝女입니다.
　　　　　　　효녀

필순: 彳彳彳彳後後後後後

後	부수 彳
뒤 후	걸을 척

일 사에 **뒤 후**는 事後이고요
　　　　　　　　사후
먼저와 나중 先後입니다.
　　　　　　선후

필순: 亻亻亻什休休

休	부수 人/亻
쉴 휴	사람 인

쉴 휴에 **배울 학**은 休學이고요
　　　　　　　　　휴학
일을 않고 쉬는 날 休日입니다.
　　　　　　　　　휴일

▶ 한자의 훈 음을 쓰고, 필순에 맞게 한자를 따라 쓰세요.

話 말씀 화	부수 言	話	話	話	말씀 화	말씀 화
活 살 활	부수 水	活	活	活	살 활	살 활
孝 효도 효	부수 子	孝	孝	孝	효도 효	효도 효
後 뒤 후	부수 彳	後	後	後	뒤 후	뒤 후
休 쉴 휴	부수 人	休	休	休	쉴 휴	쉴 휴

▶ 다음 한자어의 독음을 쓰고, 낱말의 뜻을 쓰세요.

(1) 手話 (   ) :

(2) 活動 (   ) :

(3) 孝女 (   ) :

(4) 先後 (   ) :

(5) 休日 (   ) :

※ 오늘 배운 글자를 선생님께 「읽기점검」 한다 ⇨ 150자

▶ 다음 한자의 훈과 음을 쓰고, 한자를 따라 쓰세요.

時	食	植	心	安
語	然	午	右	有
育	邑	入	子	字
自	場	全	前	電
正	祖	足	左	主
住	重	地	紙	直
川	千	天	草	村
秋	春	出	便	平
下	夏	漢	海	花
話	活	孝	後	休

▶ 다음 한자의 훈과 음에 맞는 한자를 쓰세요.

때 시	밥 식	심을 식	마음 심	편안 안
말씀 어	그럴 연	낮 오	오른 우	있을 유
기를 육	고을 읍	들 입	아들 자	글자 자
스스로 자	마당 장	온전 전	앞 전	번개 전
바를 정	할아비 조	발 족	왼 좌	주인 주
살 주	무거울 중	따 지	종이 지	곧을 직
내 천	일천 천	하늘 천	풀 초	마을 촌
가을 추	봄 춘	날 출	편할 편/똥오줌 변	평평할 평
아래 하	여름 하	한나라 한	바다 해	꽃 화
말씀 화	살 활	효도 효	뒤 후	쉴 휴

▶ 다음 한자어의 독음을 쓰고, 한자어를 따라 쓰세요.

休	日	先	後	孝	女	活	動
手	話	花	草	海	軍	漢	江
春	夏	下	山	休	學	事	後
孝	道	活	力	電	話	白	花
海	上	漢	文	立	夏	下	車

▶ 다음 독음에 맞는 한자어를 쓰세요.

휴	일	선	후	효	녀	활	동
수	화	화	초	해	군	한	강
춘	하	하	산	휴	학	사	후
효	도	활	력	전	화	백	화
해	상	한	문	입	하	하	차

7급(10) 예상문제　　월　일 / 확인

1 다음 漢字語한자어의 讀音독음을 쓰세요.

<보기>　一月 → (일월)

1) 休日 (　　　)　　2) 先後 (　　　)

3) 孝女 (　　　)　　4) 活動 (　　　)

5) 手話 (　　　)　　6) 花草 (　　　)

7) 海軍 (　　　)　　8) 漢江 (　　　)

9) 春夏 (　　　)　　10) 下山 (　　　)

11) 休學 (　　　)　　12) 事後 (　　　)

13) 孝道 (　　　)　　14) 活力 (　　　)

15) 電話 (　　　)　　16) 白花 (　　　)

17) 海上 (　　　)　　18) 漢文 (　　　)

19) 立夏 (　　　)　　20) 下車 (　　　)

7급(10) 예상문제   월 일 / 확인

❷ 다음 漢字한자의 訓(훈:뜻)과 音(음:소리)을 쓰세요.

<보기>　十 → (열　십)

21) 下 (　　　) 　　22) 漢 (　　　)

23) 花 (　　　) 　　24) 活 (　　　)

25) 後 (　　　) 　　26) 夏 (　　　)

27) 海 (　　　) 　　28) 話 (　　　)

29) 孝 (　　　) 　　30) 休 (　　　)

❸ 다음 訓(훈:뜻)과 音(음:소리)에 맞는 漢字한자를 <보기>에서 찾아 그 번호를 쓰세요.

<보기>
① 孝　② 海　③ 後　④ 花　⑤ 下
⑥ 休　⑦ 話　⑧ 夏　⑨ 活　⑩ 漢

31) 뒤　후 (　　) 　　32) 여름 하 (　　)

33) 바다 해 (　　) 　　34) 말씀 화 (　　)

35) 효도 효 (　　) 　　36) 쉴　휴 (　　)

37) 아래 하 (　　) 　　38) 한나라 한 (　　)

39) 꽃　화 (　　) 　　40) 살　활 (　　)

7급(10) 예상문제   월 일 / 확인

❹ 다음 밑줄 친 漢字語한자어를 <보기>에서 골라 쓰세요.

<보기>
① 漢江   ② 下山   ③ 海軍   ④ 休日

41) <u>한강</u>에 철새가 날아왔다. ………… (　　　)

42) <u>휴일</u>에 눈썰매장에 갔었다. ………… (　　　)

43) 바다에는 <u>해군</u>이 나라를 지킨다. …… (　　　)

44) 지리산에서 <u>하산</u>하였다. …………… (　　　)

❺ 다음 漢字한자와 상대, 또는 반대되는 漢字한자를 <보기>에서 골라 그 번호를 쓰세요.

<보기>
① 山   ② 軍   ③ 冬   ④ 立

45) 海 (　　　)　　　46) 夏 (　　　)

❻ 다음 漢字語한자어의 뜻을 쓰세요.

47) 休日 :

48) 孝女 :

7급(10) 예상문제 월 일 / 확인

❼ 다음 漢字의 ㉠획은 몇 번째 쓰는지 <보기>에서 찾아 그 번호를 쓰세요.

<보기>
① 첫 번째 ② 두 번째 ③ 세 번째
④ 네 번째 ⑤ 다섯 번째 ⑥ 여섯 번째
⑦ 일곱 번째 ⑧ 여덟 번째 ⑨ 아홉 번째
⑩ 열 번째 ⑪ 열한 번째 ⑫ 열두 번째

52) 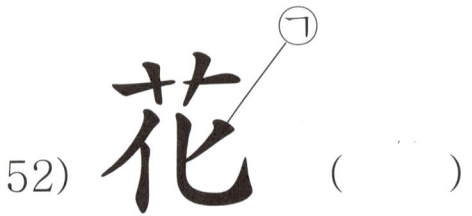 (   )

53)  (   )

7급(10) 예상문제 정답

1	휴일	18	한문	35	①
2	선후	19	입하	36	⑥
3	효녀	20	하차	37	⑤
4	활동	21	아래 하	38	⑩
5	수화	22	한나라 한 한수 한	39	④
6	화초	23	꽃 화	40	⑨
7	해군	24	살 활	41	漢江
8	한강	25	뒤 후	42	休日
9	춘하	26	여름 하	43	海軍
10	하산	27	바다 해	44	下山
11	휴학	28	말씀 화	45	①
12	사후	29	효도 효	46	③
13	효도	30	쉴 휴	47	일을 않고 쉬는 날
14	활력	31	③	48	효도하는 딸
15	전화	32	⑧	49	⑦
16	백화	33	②	50	④
17	해상	34	⑦		

▶ 다음 본문을 읽고, 필순에 맞게 한자를 쓰세요.

필순 : 夕 夕 夕 夕 各 各

各	부수 口 입 구
각각 각	

각각 각에 스스로 자는 各自이고요
세계의 여러 나라 各國입니다.

필순 : 夕 夕 夕 角 角 角

角	부수 角 뿔 각
뿔 각	

뿔 각에 법도 도는 角度이고요
네모지게 깎은 나무 角木입니다.

필순 : 厂 厂 厂 厂 后 后 咸 咸 咸 咸 感 感 感

感	부수 心 마음 심
느낄 감	

느낄 감에 법도 도는 感度이고요
깊이 느껴 마음이 움직임 感動입니다.

필순 : 弓 弓 弓 弓 弓 弭 弭 弭 强 强 强

强	부수 弓 활 궁
강할 강	

강할 강에 힘 력은 强力이고요
세력이 강한 나라 强國입니다.

필순 : 門 門 門 門 門 門 門 門 門 門 開 開

開	부수 門 문 문
열 개	

열 개에 배울 학은 開學이고요
학교 세워 문 여는 것 開校입니다.

▶ 한자의 훈 음을 쓰고, 필순에 맞게 한자를 따라 쓰세요.

各	부수 口	各	各	各		
각각 각					각각 각	각각 각
角	부수 角	角	角	角		
뿔 각					뿔 각	뿔 각
感	부수 心	感	感	感		
느낄 감					느낄 감	느낄 감
强	부수 弓	强	强	强		
강할 강					강할 강	강할 강
開	부수 門	開	開	開		
열 개					열 개	열 개

▶ 다음 한자어를 쓰고, 낱말의 뜻을 쓰세요.

(1) 각국 (   ) :

(2) 각목 (   ) :

(3) 감동 (   ) :

(4) 강국 (   ) :

(5) 개교 (   ) :

※ 오늘 배운 글자를 선생님께 「읽기점검」 한다 ⇨ 155자

▶ 다음 본문을 읽고, 필순에 맞게 한자를 쓰세요.

필순 : 亠亠宁宁宁京京京

京	부수 亠 머리부분 두
서울 경	

있을 재에 서울 경은 在京이고요
　　　　　　　　　　　재경
시골에서 서울로 올라옴 上京입니다.
　　　　　　　　　　　상경

필순 : 界界界界界界界界界

界	부수 田 밭 전
지경 계	

인간 세에 지경 계는 世界이고요
　　　　　　　　　　세계
사회의 여러 분야 各界입니다.
　　　　　　　　각계

필순 : 計計計計計計計計計

計	부수 言 말씀 언
셀 계	

셀 계에 셈 산은 計算이고요
　　　　　　　　계산
집안 살림의 수입지출 家計입니다.
　　　　　　　　　　가계

필순 : 一十十古古

古	부수 口 입 구
예 고	

예 고에 이제 금은 古今이고요
　　　　　　　　　고금
옛날에 쓰던 헌 물건 古物입니다.
　　　　　　　　　고물

필순 : 苦苦苦苦苦苦苦苦苦

苦	부수 艹(艸) 풀 초
쓸 고	

쓸 고에 날 생은 苦生이고요
　　　　　　　　고생
고생하며 배우는 것 苦學입니다.
　　　　　　　　　고학

② - 78

▶ 한자의 훈 음을 쓰고, 필순에 맞게 한자를 따라 쓰세요.

京 서울 경	부수 亠	京	京	京	서울 경	서울 경
界 지경 계	부수 田	界	界	界	지경 계	지경 계
計 셀 계	부수 言	計	計	計	셀 계	셀 계
古 예 고	부수 口	古	古	古	예 고	예 고
苦 쓸 고	부수 艹	苦	苦	苦	쓸 고	쓸 고

▶ 다음 한자어를 쓰고, 낱말의 뜻을 쓰세요.

(1) 상경 (   ) :

(2) 각계 (   ) :

(3) 가계 (   ) :

(4) 고물 (   ) :

(5) 고학 (   ) :

※ 오늘 배운 글자를 선생님께 「읽기점검」 한다 ⇨ 160자

▶ 다음 한자의 훈과 음을 쓰고, 한자를 따라 쓰세요.

育	邑	入	子	字
自	場	全	前	電
正	祖	足	左	主
住	重	地	紙	直
川	千	天	草	村
秋	春	出	便	平
下	夏	漢	海	花
話	活	孝	後	休
各	角	感	强	開
京	界	計	古	苦

▶ 다음 한자의 훈과 음에 맞는 한자를 쓰세요.

기를 육	고을 읍	들 입	아들 자	글자 자
스스로 자	마당 장	온전 전	앞 전	번개 전
바를 정	할아비 조	발 족	왼 좌	주인 주
살 주	무거울 중	따 지	종이 지	곧을 직
내 천	일천 천	하늘 천	풀 초	마을 촌
가을 추	봄 춘	날 출	편할 편/똥오줌 변	평평할 평
아래 하	여름 하	한나라 한	바다 해	꽃 화
말씀 화	살 활	효도 효	뒤 후	쉴 휴
각각 각	뿔 각	느낄 감	강할 강	열 개
서울 경	지경 계	셀 계	예 고	쓸 고

▶ 다음 한자어의 독음을 쓰고, 한자어를 따라 쓰세요.

苦	學	古	物	家	計	各	界
上	京	開	校	强	國	感	動
角	木	各	國	苦	生	古	今
計	算	世	界	在	京	開	學
强	力	感	度	角	度	各	自

▶ 다음 독음에 맞는 한자어를 쓰세요.

고	학	고	물	가	계	각	계
상	경	개	교	강	국	감	동
각	목	각	국	고	생	고	금
계	산	세	계	재	경	개	학
강	력	감	도	각	도	각	자

6급(1) 예상문제

월 일 / 확인

1 다음 漢字語한자어의 讀音독음을 쓰세요.

<보기>   一月 → (일월)

1) 苦學 (   )   2) 古物 (   )

3) 家計 (   )   4) 各界 (   )

5) 上京 (   )   6) 開校 (   )

7) 強國 (   )   8) 感動 (   )

9) 角木 (   )   10) 各國 (   )

11) 苦生 (   )   12) 古今 (   )

13) 計算 (   )   14) 世界 (   )

15) 在京 (   )   16) 開學 (   )

17) 強力 (   )   18) 感度 (   )

19) 角度 (   )   20) 各自 (   )

6급(1) 예상문제 월 일 / 확인

❷ 다음 漢字한자의 訓(훈:뜻)과 音(음:소리)을 쓰세요.

<보기> 十 → (열   십)

21) 角 (   )   22) 强 (   )
23) 京 (   )   24) 計 (   )
25) 苦 (   )   26) 各 (   )
27) 感 (   )   28) 開 (   )
29) 古 (   )   30) 界 (   )

❸ 다음 밑줄 친 漢字語를 漢字로 쓰세요.

31) <u>각국</u>의 대표들이 한자리에 모였다. ……………(　　　)
32) 베토벤의 음악은 <u>감동</u>적 이었다. ………………(　　　)
33) 오늘은 우리학교 <u>개교</u>기념일이다. ……………(　　　)
34) <u>각계</u>의 인사들을 초청하였다. …………………(　　　)
35) <u>고학</u>으로 공부하여 법관이 되다. ……………(　　　)
36) 10년 전의 냉장고는 이제 <u>고물</u>이 되다. ……(　　　)
37) 수입 지출을 <u>가계</u>부에 적다. ……………………(　　　)
38) 서울로 올라오는 <u>상경</u> 차량이 줄을 잇다. ‥(　　　)
39) <u>각목</u>을 이용하여 집을 짓다. ……………………(　　　)
40) 우리나라는 반도체 <u>강국</u>이다. …………………(　　　)

6급(1) 예상문제   월 일 / 확인

④ 다음 漢字의 反對字(반대자) 또는 相對字(상대자)를 골라 번호를 쓰세요.

41) 山 (   ) ① 川   ② 東   ③ 外   ④ 中
42) 上 (   ) ① 大   ② 下   ③ 先   ④ 京

⑤ 다음 (   )안에 들어갈 漢字를 보기에서 찾아 그 번호를 쓰세요.

<보기>
① 春   ② 民   ③ 京   ④ 校   ⑤ 西   ⑥ 王

43) 大韓(   )國 : 우리나라의 이름
44) 東(   )南北 : 동서남북 사방

⑥ 다음 漢字와 뜻이 비슷한 漢字를 골라 그 번호를 쓰세요.

45) 家 (   ) : ① 洞   ② 算   ③ 場   ④ 室
46) 洞 (   ) : ① 算   ② 里   ③ 入   ④ 冬

⑦ 다음에서 소리는 같으나 뜻이 다른 漢字를 골라 그 번호를 쓰세요.

47) 角 (   ) : ① 各   ② 家   ③ 強   ④ 感
48) 計 (   ) : ① 京   ② 今   ③ 界   ④ 強
49) 苦 (   ) : ① 世   ② 古   ③ 生   ④ 度

6급(1) 예상문제   월 일 / 확인

❽ 다음 漢字語의 뜻을 쓰세요.

50) 强國 :

51) 上京 :

❾ 다음 漢字의 ㉠획은 몇 번째 쓰는지 <보기>에서 찾아 그 번호를 쓰세요.

<보기>
① 첫 번째   ② 두 번째   ③ 세 번째
④ 네 번째   ⑤ 다섯 번째 ⑥ 여섯 번째
⑦ 일곱 번째 ⑧ 여덟 번째 ⑨ 아홉 번째
⑩ 열 번째   ⑪ 열한 번째 ⑫ 열두 번째

52) 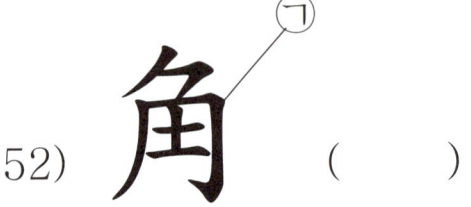 (   )

53)  (   )

6급(1) 예상문제 정답

1	고학	19	각도	37	家計
2	고물	20	각자	38	上京
3	가계	21	뿔 각	39	角木
4	각계	22	강할 강	40	强國
5	상경	23	서울 경	41	①
6	개교	24	셀 계	42	②
7	강국	25	쓸 고	43	②
8	감동	26	각각 각	44	⑤
9	각목	27	느낄 감	45	④
10	각국	28	열 개	46	②
11	고생	29	예 고	47	①
12	고금	30	지경 계	48	③
13	계산	31	各國	49	②
14	세계	32	感動	50	세력이 강한 나라
15	재경	33	開校	51	시골에서 서울로 올라옴
16	개학	34	各界	52	④
17	강력	35	苦學	53	⑤
18	감도	36	古物		

▶ 다음 본문을 읽고, 필순에 맞게 한자를 쓰세요.

필순 : 高高高高高高高高高高

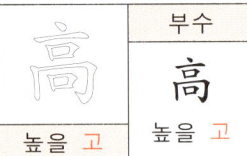

높을 고에 등급 급은 高級이고요
         고급
썩 빠른 속도 高速입니다.
     고속

필순 : 功功功功功

이룰 성에 공 공은 成功이고요
       성공
공을 세워 알려진 이름 功名입니다.
         공명

필순 : 八八公公

공평할 공에 동산 원은 公園이고요
         공원
공평하고 올바른 것 公正입니다.
       공정

필순 : 一十卄卄共共

한가지 공에 쓸 용은 共用이고요
        공용
두 사람 이상이 일을 같이함 共同입니다.
           공동

필순 : 果果果果果果果果

실과 과에 나무 수는 果樹이고요
        과수
이루어진 결과 成果입니다.
      성과

▶ 한자의 훈 음을 쓰고, 필순에 맞게 한자를 따라 쓰세요.

高 높을 고	부수	高	高	高		높을 고	높을 고
功 공 공	부수 力	功	功	功		공 공	공 공
公 공평할 공	부수 八	公	公	公		공평할 공	공평할 공
共 한가지 공	부수 八	共	共	共		한가지 공	한가지 공
果 실과 과	부수 木	果	果	果		실과 과	실과 과

▶ 다음 한자어를 쓰고, 낱말의 뜻을 쓰세요.

(1) 고속 (   ) :

(2) 공명 (   ) :

(3) 공정 (   ) :

(4) 공동 (   ) :

(5) 성과 (   ) :

※ 오늘 배운 글자를 선생님께 「읽기점검」 한다 ⇨ 165자

▶ 다음 본문을 읽고, 필순에 맞게 한자를 쓰세요.

필순 : 科千千千千科科科科

科	부수 禾
과목 과	벼 화

과목 과에 **배울 학**은 科學이고요
학문의 과목 學科입니다.

필순 : 丨丬丬半光光

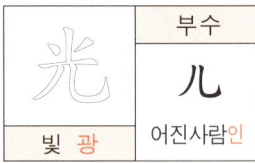

빛 광에 **밝을 명**은 光明이고요
햇빛 日光입니다.

필순 : ㇀亠亣六亣交

사귈 교에 **통할 통**은 交通이고요
서로 번갈아 대신하는 것 交代입니다.

필순 : 匚匚匚匚匚品品品品區

區	부수 匚
구분할 구	감출 혜

구분할 구에 **나눌 분**은 區分이고요
종류에 따라 나타나는 차이 區別입니다.

필순 : 一丆王玎玎玗玗球球球

들 야에 **공 구**는 野球이고요
인류가 살고 있는 땅 地球입니다.

▶ 한자의 훈 음을 쓰고, 필순에 맞게 한자를 따라 쓰세요.

한자	부수					
科 과목 과	禾	科	科	科	과목 과	과목 과
光 빛 광	儿	光	光	光	빛 광	빛 광
交 사귈 교	亠	交	交	交	사귈 교	사귈 교
區 구분할 구	匚	區	區	區	구분할 구	구분할 구
球 공 구	玉	球	球	球	공 구	공 구

▶ 다음 한자어를 쓰고, 낱말의 뜻을 쓰세요.

  (1) 학과 (   ):

  (2) 일광 (   ):

  (3) 교대 (   ):

  (4) 구별 (   ):

  (5) 지구 (   ):

  ※ 오늘 배운 글자를 선생님께 「읽기점검」 한다 ⇨ 170자

▶ 다음 한자의 훈과 음을 쓰고, 한자를 따라 쓰세요.

正	祖	足	左	主
住	重	地	紙	直
川	千	天	草	村
秋	春	出	便	平
下	夏	漢	海	花
話	活	孝	後	休
各	角	感	强	開
京	界	計	古	苦
高	功	公	共	果
科	光	交	區	球

▶ 다음 한자의 훈과 음에 맞는 한자를 쓰세요.

바를 정	할아비 조	발 족	왼 좌	주인 주
살 주	무거울 중	따 지	종이 지	곧을 직
내 천	일천 천	하늘 천	풀 초	마을 촌
가을 추	봄 춘	날 출	편할 편/똥오줌 변	평평할 평
아래 하	여름 하	한나라 한	바다 해	꽃 화
말씀 화	살 활	효도 효	뒤 후	쉴 휴
각각 각	뿔 각	느낄 감	강할 강	열 개
서울 경	지경 계	셀 계	예 고	쓸 고
높을 고	공 공	공평할 공	한가지 공	실과 과
과목 과	빛 광	사귈 교	구분할 구	공 구

▶ 다음 한자어의 독음을 쓰고, 한자어를 따라 쓰세요.

地	球	區	別	交	代	日	光
學	科	成	果	共	同	公	正
功	名	高	級	野	球	區	分
交	通	光	明	科	學	果	樹
共	用	公	園	成	功	高	速

▶ 다음 독음에 맞는 한자어를 쓰세요.

지	구	구	별	교	대	일	광
학	과	성	과	공	동	공	정
공	명	고	급	야	구	구	분
교	통	광	명	과	학	과	수
공	용	공	원	성	공	고	속

6급(2) 예상문제 월 일 / 확인

❶ 다음 漢字語한자어의 讀音독음을 쓰세요.

<보기> 一月 → (일월)

1) 地球 (   )   2) 區別 (   )

3) 交代 (   )   4) 日光 (   )

5) 學科 (   )   6) 成果 (   )

7) 共同 (   )   8) 公正 (   )

9) 功名 (   )   10) 高級 (   )

11) 野球 (   )   12) 區分 (   )

13) 交通 (   )   14) 光明 (   )

15) 科學 (   )   16) 果樹 (   )

17) 共用 (   )   18) 公園 (   )

19) 成功 (   )   20) 高速 (   )

6급(2) 예상문제

② 다음 漢字한자의 訓(훈:뜻)과 音(음:소리)을 쓰세요.

<보기> 十 → (열　십)

21) 功 (　　　　) 　　22) 共 (　　　　)
23) 科 (　　　　) 　　24) 交 (　　　　)
25) 球 (　　　　) 　　26) 高 (　　　　)
27) 公 (　　　　) 　　28) 果 (　　　　)
29) 光 (　　　　) 　　30) 區 (　　　　)

③ 다음 밑줄 친 漢字語를 漢字로 쓰세요.

31) 천하에 공명을 떨치다. ……………… (　　　　)
32) 공정한 심사를 하였다. ……………… (　　　　)
33) 두 사람이 공동으로 책임을 지다. ……… (　　　　)
34) 식목일에 과수를 심었다. ……………… (　　　　)
35) 나의 꿈은 과학자가 되는 것이다. ……… (　　　　)
36) 이불을 일광소독 하였다. ……………… (　　　　)
37) 고속도로로 가면 빠르다. ……………… (　　　　)
38) 교통사고로 인명피해를 입다. ………… (　　　　)
39) 삼촌과 야구를 하였다. ……………… (　　　　)
40) 동식물을 구별하다. ……………… (　　　　)

6급(2) 예상문제   월 일 / 확인

❹ 다음 漢字의 反對字(반대자) 또는 相對字(상대자)를 골라 번호를 쓰세요.

41) 先 (   ) ① 手   ② 山   ③ 外   ④ 後
42) 前 (   ) ① 江   ② 後   ③ 男   ④ 右

❺ 다음 (   )안에 들어갈 漢字를 보기에서 찾아 그 번호를 쓰세요.

<보기>
① 四   ② 五   ③ 六   ④ 火   ⑤ 年   ⑥ 水

43) 三三(   )五 : 서너 사람, 대여섯 사람이 떼 지어 다님.
44) 生(   )月日 : 태어난 해와 달과 날.

❻ 다음 漢字와 뜻이 비슷한 漢字를 골라 그 번호를 쓰세요.

45) 算 (   ) : ① 出   ② 數   ③ 後   ④ 年
46) 村 (   ) : ① 冬   ② 天   ③ 山   ④ 里

❼ 다음에서 소리는 같으나 뜻이 다른 漢字를 골라 그 번호를 쓰세요.

47) 功 (   ) : ① 古   ② 界   ③ 公   ④ 各
48) 果 (   ) : ① 球   ② 科   ③ 光   ④ 代
49) 區 (   ) : ① 高   ② 交   ③ 通   ④ 球

6급(2) 예상문제

8 다음 漢字語의 뜻을 쓰세요.

50) 共同 :

51) 日光 :

9 다음 漢字의 ㉠획은 몇 번째 쓰는지 <보기>에서 찾아 그 번호를 쓰세요.

<보기>
① 첫 번째   ② 두 번째   ③ 세 번째
④ 네 번째   ⑤ 다섯 번째   ⑥ 여섯 번째
⑦ 일곱 번째   ⑧ 여덟 번째   ⑨ 아홉 번째
⑩ 열 번째   ⑪ 열한 번째   ⑫ 열두 번째

52) 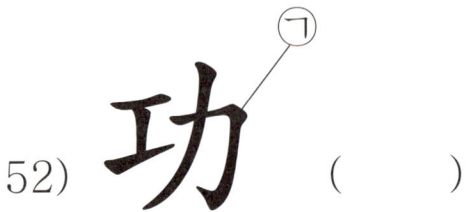 (   )

53)  (   )

6급(2) 예상문제 정답

1	지구	19	성공	37	高速
2	구별	20	고속	38	交通
3	교대	21	공 공	39	野球
4	일광	22	한가지 공	40	區別
5	학과	23	과목 과	41	④
6	성과	24	사귈 교	42	②
7	공동	25	공 구	43	②
8	공정	26	높을 고	44	⑤
9	공명	27	공평할 공	45	②
10	고급	28	실과 과	46	④
11	야구	29	빛 광	47	③
12	구분	30	구분할 구	48	②
13	교통	31	功名	49	④
14	광명	32	公正	50	두 사람 이상이 일을 같이함
15	과학	33	共同	51	햇빛
16	과수	34	果樹	52	④
17	공용	35	科學	53	⑤
18	공원	36	日光		

▶ 다음 본문을 읽고, 필순에 맞게 한자를 쓰세요.

필순 : ㄱ ㄱ 쿡 尹 君 君 君 郡 郡 郡

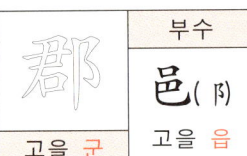

고을 군에 고을 읍은 郡邑이고요
같은 군에 사는 주민 郡民입니다.

필순 : 近 ㄏ ㄏ 斤 氵 沂 沂 近

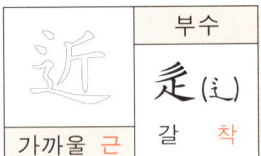

가까울 근에 올 래는 近來이고요
뭍에서 가까운 바다 近海입니다.

필순 : 一 十 才 木 朾 根 根 根 根 根

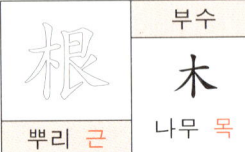

풀 초에 뿌리 근은 草根이고요
사물이 생기는 본바탕 根本입니다.

필순 : 人 人 今 今

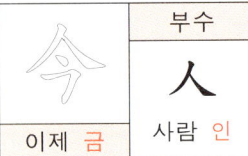

이제 금에 해 년은 今年이고요
오늘 今日입니다.

필순 : 急 急 슥 쿡 亀 急 急 急 急

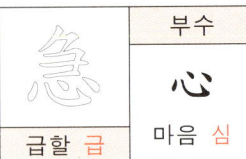

특별할 특에 급할 급은 特急이고요
빨리 감 急行입니다.

▶ 한자의 훈 음을 쓰고, 필순에 맞게 한자를 따라 쓰세요.

郡	부수 邑	郡	郡	郡		
고을 군					고을 군	고을 군
近	부수 辶	近	近	近		
가까울 근					가까울 근	가까울 근
根	부수 木	根	根	根		
뿌리 근					뿌리 근	뿌리 근
今	부수 人	今	今	今		
이제 금					이제 금	이제 금
急	부수 心	急	急	急		
급할 급					급할 급	급할 급

▶ 다음 한자어를 쓰고, 낱말의 뜻을 쓰세요.

(1) 군민 (　　　):

(2) 근해 (　　　):

(3) 근본 (　　　):

(4) 금일 (　　　):

(5) 급행 (　　　):

※ 오늘 배운 글자를 선생님께 「읽기점검」 한다 ⇨ 175자

▶ 다음 본문을 읽고, 필순에 맞게 한자를 쓰세요.

필순: ⸌ ⸍ ⸎ ⸏ 糸 糸 紅 糽 級 級

級	부수
등급 급	糸 실 사

등급 급에 셈 수는 級數이고요
첫째의 등급 一級입니다.

필순: ⸌ ⸍ 夕 夕 多 多

多	부수
많을 다	夕 저녁 석

많을 다에 다행 행은 多幸이고요
많은 수효 多數입니다.

필순: ⸌ ⸍ ⸎ 矢 矢 矢 矩 矩 短 短 短 短

短	부수
짧을 단	矢 화살 시

짧을 단에 노래 가는 短歌이고요
짧은 글월 短文입니다.

필순: ⸌ ⸍ 부 쑤 쑤 쑤 堂 堂 堂 堂 堂

堂	부수
집 당	土 흙 토

글 서에 집 당은 書堂이고요
음식을 만들어 파는 가게 食堂입니다.

필순: ⸌ ⸍ 亻 仁 代 代

代	부수
대신할 대	人(亻) 사람 인

대신할 대에 행할 행은 代行이고요
값으로 치르는 돈 代金입니다.

▶ 한자의 훈 음을 쓰고, 필순에 맞게 한자를 따라 쓰세요.

級	부수 糸	級	級	級		
등급 급					등급 급	등급 급
多	부수 多	多	多	多		
많을 다					많을 다	많을 다
短	부수 矢	短	短	短		
짧을 단					짧을 단	짧을 단
堂	부수 土	堂	堂	堂		
집 당					집 당	집 당
代	부수 人	代	代	代		
대신할 대					대신할 대	대신할 대

▶ 다음 한자어를 쓰고, 낱말의 뜻을 쓰세요.

(1) 일급 (　　　):

(2) 다수 (　　　):

(3) 단문 (　　　):

(4) 식당 (　　　):

(5) 대금 (　　　):

※ 오늘 배운 글자를 선생님께 「읽기점검」 한다 ⇨ 180자

▶ 다음 한자의 훈과 음을 쓰고, 한자를 따라 쓰세요.

川	千	天	草	村
秋	春	出	便	平
下	夏	漢	海	花
話	活	孝	後	休
各	角	感	强	開
京	界	計	古	苦
高	功	公	共	果
科	光	交	區	球
郡	近	根	今	急
級	多	短	堂	代

▸ 다음 한자의 훈과 음에 맞는 한자를 쓰세요.

내 천	일천 천	하늘 천	풀 초	마을 촌
가을 추	봄 춘	날 출	편할 편/똥오줌 변	평평할 평
아래 하	여름 하	한나라 한	바다 해	꽃 화
말씀 화	살 활	효도 효	뒤 후	쉴 휴
각각 각	뿔 각	느낄 감	강할 강	열 개
서울 경	지경 계	셀 계	예 고	쓸 고
높을 고	공 공	공평할 공	한가지 공	실과 과
과목 과	빛 광	사귈 교	구분할 구	공 구
고을 군	가까울 근	뿌리 근	이제 금	급할 급
등급 급	많을 다	짧을 단	집 당	대신할 대

▶ 다음 한자어의 독음을 쓰고, 한자어를 따라 쓰세요.

代	金	食	堂	短	文	多	數
一	級	急	行	今	日	根	本
近	海	郡	民	代	行	書	堂
短	歌	多	幸	級	數	特	急
今	年	草	根	近	來	郡	邑

▶ 다음 독음에 맞는 한자어를 쓰세요.

대	금	식	당	단	문	다	수
일	급	급	행	금	일	근	본
근	해	군	민	대	행	서	당
단	가	다	행	급	수	특	급
금	년	초	근	근	래	군	읍

6급(3) 예상문제   월 일 / 확인

1 다음 漢字語한자어의 讀音독음을 쓰세요.

<보기>   一月 → (일월)

1) 代金 (   )   2) 食堂 (   )

3) 短文 (   )   4) 多數 (   )

5) 一級 (   )   6) 急行 (   )

7) 今日 (   )   8) 根本 (   )

9) 近海 (   )   10) 郡民 (   )

11) 代行 (   )   12) 書堂 (   )

13) 短歌 (   )   14) 多幸 (   )

15) 級數 (   )   16) 特急 (   )

17) 今年 (   )   18) 草根 (   )

19) 近來 (   )   20) 郡邑 (   )

6급(3) 예상문제   월   일 / 확인

❷ 다음 漢字한자의 訓(훈:뜻)과 音(음:소리)을 쓰세요.

<보기>   十 → (열   십)

21) 代 (   )   22) 短 (   )

23) 級 (   )   24) 今 (   )

25) 近 (   )   26) 堂 (   )

27) 多 (   )   28) 急 (   )

29) 根 (   )   30) 郡 (   )

❸ 다음 밑줄 친 漢字語를 漢字로 쓰세요.

31) 도서를 구입한 대금을 치르다. ………………(   )

32) 그 식당 주인은 친절하다. …………………(   )

33) 다음 단문을 읽고 물음에 답하시오. ………(   )

34) 다수의 의견을 따르다. ………………………(   )

35) 한자 일급시험에 합격하다. …………………(   )

36) 급행열차를 타고 가다. ………………………(   )

37) 금년 농사는 풍년이다. ………………………(   )

38) 사람은 근본이 중요하다. ……………………(   )

39) 동해 근해에서 잡은 오징어란다. ……………(   )

40) 군민을 위한 봉사활동을 하다. ………………(   )

6급(3) 예상문제   월   일 / 확인

❹ 다음 漢字의 反對字(반대자) 또는 相對字(상대자)를 골라 번호를 쓰세요.

　41) 出 (　　) ① 生　② 山　③ 入　④ 口
　42) 夏 (　　) ① 春　② 冬　③ 秋　④ 來

❺ 다음 (　　)안에 들어갈 漢字를 보기에서 찾아 그 번호를 쓰세요.

<보기>
① 東　② 北　③ 大　④ 西　⑤ 中　⑥ 子

　43) 十(　　)八九 : 열 가운데 여덟이나 아홉.
　44) 南男(　　)女 : 남자는 남쪽, 여자는 북쪽 여자가 잘생김.

❻ 다음 漢字와 뜻이 비슷한 漢字를 골라 그 번호를 쓰세요.

　45) 出 (　　) : ① 校　② 生　③ 三　④ 外
　46) 地 (　　) : ① 土　② 安　③ 答　④ 道

❼ 다음에서 소리는 같으나 뜻이 다른 漢字를 골라 그 번호를 쓰세요.

　47) 近 (　　) : ① 公　② 科　③ 根　④ 光
　48) 急 (　　) : ① 各　② 級　③ 功　④ 學
　49) 郡 (　　) : ① 強　② 京　③ 古　④ 軍

6급(3) 예상문제

8 다음 漢字語의 뜻을 쓰세요.

50) 今日 :

51) 近海 :

9 다음 漢字의 ㉠획은 몇 번째 쓰는지 <보기>에서 찾아 그 번호를 쓰세요.

<보기>		
① 첫 번째	② 두 번째	③ 세 번째
④ 네 번째	⑤ 다섯 번째	⑥ 여섯 번째
⑦ 일곱 번째	⑧ 여덟 번째	⑨ 아홉 번째
⑩ 열 번째	⑪ 열한 번째	⑫ 열두 번째

52) 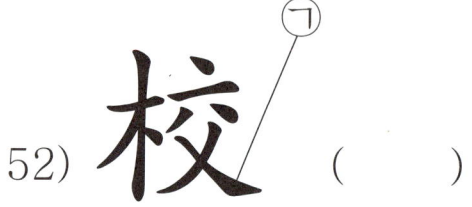 (   )

53)  (   )

6급(3) 예상문제 정답

1	대금	19	근래	37	今年
2	식당	20	군읍	38	根本
3	단문	21	대신할 대	39	近海
4	다수	22	짧을 단	40	郡民
5	일급	23	등급 급	41	③
6	급행	24	이제 금	42	②
7	금일	25	가까울 근	43	⑤
8	근본	26	집 당	44	②
9	근해	27	많을 다	45	②
10	군민	28	급할 급	46	①
11	대행	29	뿌리 근	47	③
12	서당	30	고을 근	48	②
13	단가	31	代金	49	④
14	다행	32	食堂	50	오늘
15	급수	33	短文	51	뭍에서 가까운 바다
16	특급	34	多數	52	⑩
17	금년	35	一級	53	③
18	초근	36	急行		

▶ 다음 본문을 읽고, 필순에 맞게 한자를 쓰세요.

필순 : 彳 彳 彳 行 行 待 待 待 待

待	부수
기다릴 대	彳 걸을 척

쓸 고에 기다릴 대는 苦待이고요
고대
명령을 기다림 待命입니다.
대명

필순 : 업 業 業 業 業 業 業 業 對 對 對 對 對

對	부수
대할 대	寸 마디 촌

대할 대에 대답 답은 對答이고요
대답
마주보며 말 하는 것 對話입니다.
대화

필순 : 丶 亠 广 广 庁 庐 度 度 度

度	부수
법도 도	广 집 엄

법도 도에 셈 수는 度數이고요
도수
1년 동안의 기간 年度입니다.
연도

필순 : 冂 冂 冃 冂 冂 周 周 周 圖 圖 圖 圖 圖

圖	부수
그림 도	囗 에워쌀 위

그림 도에 글 서는 圖書이고요
도서
땅 표면을 나타낸 그림 地圖입니다.
지도

필순 : 讀

讀	부수
읽을 독	言 말씀 언

읽을 독에 놈 자는 讀者이고요
독자
책을 읽음 讀書입니다.
독서

▶ 한자의 훈 음을 쓰고, 필순에 맞게 한자를 따라 쓰세요.

待	부수 彳	待	待	待		
기다릴 대					기다릴 대	기다릴 대
對	부수 寸	對	對	對		
대할 대					대할 대	대할 대
度	부수 广	度	度	度		
법도 도					법도 도	법도 도
圖	부수 囗	圖	圖	圖		
그림 도					그림 도	그림 도
讀	부수 言	讀	讀	讀		
읽을 독					읽을 독	읽을 독

▶ 다음 한자어를 쓰고, 낱말의 뜻을 쓰세요.

(1) 대명 (　　　):

(2) 대화 (　　　):

(3) 연도 (　　　):

(4) 지도 (　　　):

(5) 독서 (　　　):

※ 오늘 배운 글자를 선생님께 「읽기점검」 한다 ⇨ 185자

▶ 다음 본문을 읽고, 필순에 맞게 한자를 쓰세요.

필순 : 童童童童音音音音童童童童

아이 동에 **말씀 화**는 童話이고요
어린이의 마음 童心입니다.

필순 : 頭頭頭頭頭頭頭頭頭頭頭頭頭頭頭頭

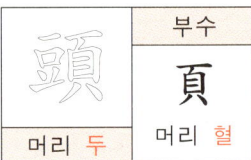

머리 두에 **눈 목**은 頭目이고요
흰 머리의 높은 산 白頭山입니다.

필순 : 等等等等等等等等等等等等

等	부수
무리 등	竹 대 죽

무리 등에 **등급 급**은 等級이고요
첫째의 등수 一等입니다.

필순 : 樂樂樂樂樂樂樂樂樂樂樂樂樂

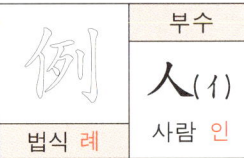

쓸 고에 **즐길 락**은 苦樂이고요
소리를 통하여 감정을 나타내는 예술 音樂입니다.

필순 : 例例例例例例例例

例	부수
법식 례	人(亻) 사람 인

법식 례에 **글월 문**은 例文이고요
예사로운 보통의 해 例年입니다.

▶ 한자의 훈 음을 쓰고, 필순에 맞게 한자를 따라 쓰세요.

童 아이 동	부수 立	童	童	童		아이 동	아이 동
頭 머리 두	부수 頁	頭	頭	頭		머리 두	머리 두
等 무리 등	부수 竹	等	等	等		무리 등	무리 등
樂 즐길 락 노래 악	부수 木	樂	樂	樂		즐길 락 노래 악	즐길 락 노래 악
例 법식 례	부수 人	例	例	例		법식 례	법식 례

▶ 다음 한자어를 쓰고, 낱말의 뜻을 쓰세요.

(1) 동심 (   ) :

(2) 백두산 (   ) :

(3) 일등 (   ) :

(4) 음악 (   ) :

(5) 예년 (   ) :

※ 오늘 배운 글자를 선생님께 「읽기점검」 한다 ⇨ 190자

▶ 다음 한자의 훈과 음을 쓰고, 한자를 따라 쓰세요.

下	夏	漢	海	花
話	活	孝	後	休
各	角	感	強	開
京	界	計	古	苦
高	功	公	共	果
科	光	交	區	球
郡	近	根	今	急
級	多	短	堂	代
待	對	度	圖	讀
童	頭	等	樂	例

▶ 다음 한자의 훈과 음에 맞는 한자를 쓰세요.

아래 하	여름 하	한나라 한	바다 해	꽃 화
말씀 화	살 활	효도 효	뒤 후	쉴 휴
각각 각	뿔 각	느낄 감	강할 강	열 개
서울 경	지경 계	셀 계	예 고	쓸 고
높을 고	공 공	공평할 공	한가지 공	실과 과
과목 과	빛 광	사귈 교	구분할 구	공 구
고을 군	가까울 근	뿌리 근	이제 금	급할 급
등급 급	많을 다	짧을 단	집 당	대신할 대
기다릴 대	대할 대	법도 도	그림 도	읽을 독
아이 동	머리 두	무리 등	즐길 락/노래 악	법식 례

▶ 다음 한자어의 독음을 쓰고, 한자어를 따라 쓰세요.

例 年	音 樂	一 等	白 頭
童 心	讀 書	地 圖	年 度
對 話	待 命	例 文	苦 樂
等 級	頭 目	童 話	讀 者
圖 書	度 數	對 答	苦 待

▶ 다음 독음에 맞는 한자어를 쓰세요.

예 년	음 악	일 등	백 두
동 심	독 서	지 도	연 도
대 화	대 명	예 문	고 락
등 급	두 목	동 화	독 자
도 서	도 수	대 답	고 대

6급(4) 예상문제

① 다음 漢字語한자어의 讀音독음을 쓰세요.

<보기>　一月 → (일월)

1) 例年 (　　　)　　2) 音樂 (　　　)

3) 一等 (　　　)　　4) 白頭 (　　　)

5) 童心 (　　　)　　6) 讀書 (　　　)

7) 地圖 (　　　)　　8) 年度 (　　　)

9) 對話 (　　　)　　10) 待命 (　　　)

11) 例文 (　　　)　　12) 苦樂 (　　　)

13) 等級 (　　　)　　14) 頭目 (　　　)

15) 童話 (　　　)　　16) 讀者 (　　　)

17) 圖書 (　　　)　　18) 度數 (　　　)

19) 對答 (　　　)　　20) 苦待 (　　　)

6급(4) 예상문제

월 일 / 확인

❷ 다음 漢字한자의 訓(훈:뜻)과 音(음:소리)을 쓰세요.

<보기>   十 → (열   십)

21) 對 (   )   22) 圖 (   )

23) 童 (   )   24) 等 (   )

25) 例 (   )   26) 待 (   )

27) 度 (   )   28) 讀 (   )

29) 頭 (   )   30) 樂 (   )

❸ 다음 밑줄 친 漢字語를 漢字로 쓰세요.

31) 그날이 오기를 고대하고 있다. ……………… (   )

32) 친구와의 대화에서 오해가 풀렸다. ………… (   )

33) 도수가 높은 안경을 끼다. …………………… (   )

34) 지도책을 보니 세계가 한눈에 보이다. …… (   )

35) 독서하는 사람이 늘어나다. ………………… (   )

36) 어머니께서 동화책을 사오셨다. …………… (   )

37) 국내에서 가장 높은 산은 백두산이다. …… (   )

38) 달리기에서 일등을 하다. …………………… (   )

39) 음악은 즐겁고 재미있다. …………………… (   )

40) 예년보다 꽃이 일찍 피었다. ………………… (   )

6급(4) 예상문제   월 일 / 확인

④ 다음 漢字의 反對字(반대자) 또는 相對字(상대자)를 골라 번호를 쓰세요.

41) 古 (   ) ① 生   ② 今   ③ 立   ④ 字
42) 多 (   ) ① 春   ② 立   ③ 少   ④ 秋

⑤ 다음 (   )안에 들어갈 漢字를 보기에서 찾아 그 번호를 쓰세요.

<보기>
① 百   ② 長   ③ 問   ④ 方   ⑤ 老   ⑥ 生

43) 男女(   )少 : 남자와 여자, 늙은이와 젊은이
44) 東(   )西答 : 동쪽을 묻는데 서쪽을 대답함

⑥ 다음 漢字와 뜻이 비슷한 漢字를 골라 그 번호를 쓰세요.

45) 家 (   ) : ① 內   ② 農   ③ 車   ④ 堂
46) 歌 (   ) : ① 樂   ② 手   ③ 音   ④ 工

⑦ 다음에서 소리는 같으나 뜻이 다른 漢字를 골라 그 번호를 쓰세요.

47) 待 (   ) : ① 苦   ② 對   ③ 童   ④ 平
48) 度 (   ) : ① 樂   ② 安   ③ 圖   ④ 語
49) 等 (   ) : ① 登   ② 動   ③ 男   ④ 來

6급(4) 예상문제

8 다음 漢字語의 뜻을 쓰세요.

50) 對話 :

51) 讀書 :

9 다음 漢字의 ㉠획은 몇 번째 쓰는지 <보기>에서 찾아 그 번호를 쓰세요.

<보기>
① 첫 번째 ② 두 번째 ③ 세 번째
④ 네 번째 ⑤ 다섯 번째 ⑥ 여섯 번째
⑦ 일곱 번째 ⑧ 여덟 번째 ⑨ 아홉 번째
⑩ 열 번째 ⑪ 열한 번째 ⑫ 열두 번째

52) 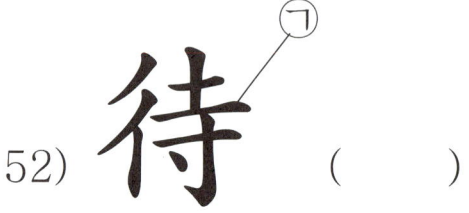 ( )

53)  ( )

6급(4) 예상문제 정답

1	예년	19	대답	37	白頭山
2	음악	20	고대	38	一等
3	일등	21	대할 대	39	音樂
4	백두	22	그림 도	40	例年
5	동심	23	아이 동	41	②
6	독서	24	무리 등	42	③
7	지도	25	법식 례	43	⑤
8	연도	26	기다릴 대	44	③
9	대화	27	법도 도	45	④
10	대명	28	읽을 독	46	①
11	예문	29	머리 두	47	②
12	고락	30	즐길 락 노래 악	48	③
13	등급	31	苦待	49	①
14	두목	32	對話	50	마주보며 말하는 것
15	동화	33	度數	51	책을 읽음
16	독자	34	地圖	52	⑥
17	도서	35	讀書	53	④
18	도수	36	童話		

▶ 다음 본문을 읽고, 필순에 맞게 한자를 쓰세요.

필순: 禮禮禮禮禮禮禮禮禮禮禮禮禮禮禮禮禮禮

예도 례에 법 식은 禮式이고요
　　　　　　　　　예식
사례의 뜻으로 주는 물건 禮物입니다.
　　　　　　　　　　　예물

필순: 路路路路路路路路路路路路路

길 로에 윗 상은 路上이고요
　　　　　　　　노상
사람과 차가 다니는 길 道路입니다.
　　　　　　　　　　도로

필순: 綠綠綠綠綠綠綠綠綠綠綠綠綠綠

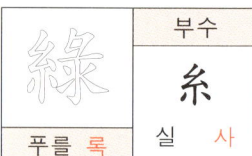

푸를 록에 빛 색은 綠色이고요
　　　　　　　　　녹색
草木이 많아 푸른 땅 綠地입니다.
　　　　　　　　　　녹지

필순: 利利千千利利利

이길 승에 이할 리는 勝利이고요
　　　　　　　　　　승리
편하고 이로운 것 便利입니다.
　　　　　　　　편리

필순: 李李李李李李李

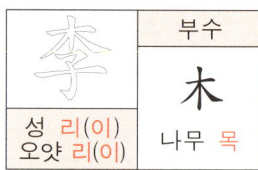

성 리에 성씨 씨는 李氏이고요
　　　　　　　　　이씨
오얏 꽃 李花입니다.
　　　　이화

▶ 한자의 훈 음을 쓰고, 필순에 맞게 한자를 따라 쓰세요.

禮 예도 례	부수 示	禮	禮	禮		예도 례	예도 례
路 길 로	부수 足	路	路	路		길 로	길 로
綠 푸를 록	부수 糸	綠	綠	綠		푸를 록	푸를 록
利 이할 리	부수 刀	利	利	利		이할 리	이할 리
李 성 리 오얏 리	부수 木	李	李	李		성 리 오얏 리	성 리 오얏 리

▶ 다음 한자어를 쓰고, 낱말의 뜻을 쓰세요.

(1) 예물 (   ) :

(2) 도로 (   ) :

(3) 녹지 (   ) :

(4) 편리 (   ) :

(5) 이화 (   ) :

※ 오늘 배운 글자를 선생님께 「읽기점검」 한다 ⇨ 195자

▶ 다음 본문을 읽고, 필순에 맞게 한자를 쓰세요.

필순 : 一 = Ŧ 王 王 尹 玾 玾 玾 玾 理 理

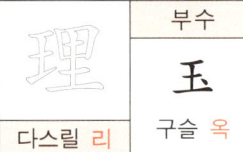

다스릴 리에 말미암을 유는 理由이고요
일의 이치 事理입니다.

필순 : 丨 冂 冂 日 旳 明 明 明

밝을 명에 달 월은 明月이고요
분명하고 뚜렷함 明白입니다.

필순 : 丨 冂 冂 目 目

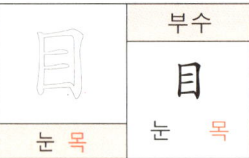

제목 제에 눈 목은 題目이고요
지금 당장. 눈 앞 目前입니다.

필순 : 丨 卩 冂 冂 門 門 門 門 門 閂 閆 聞 聞

새 신에 들을 문은 新聞이고요
전하여 들리는 말 所聞입니다.

필순 : 丶 丷 丷 半 米 米

쌀 미에 마실 음은 米飮이고요
희게 쓿은 멥쌀. 흰쌀 白米 입니다.

▶ 한자의 훈 음을 쓰고, 필순에 맞게 한자를 따라 쓰세요.

理	부수 玉	理	理	理		
다스릴 리					다스릴 리	다스릴 리
明	부수 日	明	明	明		
밝을 명					밝을 명	밝을 명
目	부수 目	目	目	目		
눈 목					눈 목	눈 목
聞	부수 耳	聞	聞	聞		
들을 문					들을 문	들을 문
米	부수 米	米	米	米		
쌀 미					쌀 미	쌀 미

▶ 다음 한자어를 쓰고, 낱말의 뜻을 쓰세요.

(1) 사리 (　　　):

(2) 명백 (　　　):

(3) 목전 (　　　):

(4) 소문 (　　　):

(5) 백미 (　　　):

※ 오늘 배운 글자를 선생님께 「읽기점검」 한다 ⇨ 200자

▶ 다음 한자의 훈과 음을 쓰고, 한자를 따라 쓰세요.

各	角	感	强	開
京	界	計	古	苦
高	功	公	共	果
科	光	交	區	球
郡	近	根	今	急
級	多	短	堂	代
待	對	度	圖	讀
童	頭	等	樂	例
禮	路	綠	利	李
理	明	目	聞	米

▶ 다음 한자의 훈과 음에 맞는 한자를 쓰세요.

각각 각	뿔 각	느낄 감	강할 강	열 개
서울 경	지경 계	셀 계	예 고	쓸 고
높을 고	공 공	공평할 공	한가지 공	실과 과
과목 과	빛 광	사귈 교	구분할 구	공 구
고을 군	가까울 근	뿌리 근	이제 금	급할 급
등급 급	많을 다	짧을 단	집 당	대신할 대
가다릴 대	대할 대	법도 도	그림 도	읽을 독
아이 동	머리 두	무리 동	즐길 락/노래 악	법식 례
예도 례	길 로	푸를 록	이할 리	오얏 리
다스릴 리	밝을 명	눈 목	들을 문	쌀 미

▶ 다음 한자어의 독음을 쓰고, 한자어를 따라 쓰세요.

白	米	所	聞	目	前	明	白
事	理	李	花	便	利	綠	地
道	路	禮	物	米	飮	新	聞
題	目	明	月	理	由	李	氏
勝	利	綠	色	路	上	禮	式

▶ 다음 독음에 맞는 한자어를 쓰세요.

백	미	소	문	목	전	명	백
사	리	이	화	편	리	녹	지
도	로	예	물	미	음	신	문
제	목	명	월	이	유	이	씨
승	리	녹	색	노	상	예	식

6급(5) 예상문제   월 일 / 확인

1 다음 漢字語한자어의 讀音독음을 쓰세요.

<보기>   一月 → (일월)

1) 白米 (   )   2) 所聞 (   )

3) 目前 (   )   4) 明白 (   )

5) 事理 (   )   6) 李花 (   )

7) 便利 (   )   8) 綠地 (   )

9) 道路 (   )   10) 禮物 (   )

11) 米飮 (   )   12) 新聞 (   )

13) 題目 (   )   14) 明月 (   )

15) 理由 (   )   16) 李氏 (   )

17) 勝利 (   )   18) 綠色 (   )

19) 路上 (   )   20) 禮式 (   )

6급(5) 예상문제

❷ 다음 漢字한자의 訓(훈:뜻)과 音(음:소리)을 쓰세요.

<보기> 十 → (열　십)

21) 路 (　　　　) 22) 利 (　　　　)
23) 理 (　　　　) 24) 目 (　　　　)
25) 米 (　　　　) 26) 禮 (　　　　)
27) 綠 (　　　　) 28) 李 (　　　　)
29) 明 (　　　　) 30) 聞 (　　　　)

❸ 다음 밑줄 친 漢字語를 漢字로 쓰세요.

31) 신랑 신부가 예물을 교환하다. ……………(　　　　)
32) 도로에서는 교통질서를 잘 지켜야한다. ……(　　　　)
33) 자연녹지가 많은 도시다. ……………………(　　　　)
34) 지하철로 가면 편리하다. ……………………(　　　　)
35) 자두 꽃을 이화라고 한다. …………………(　　　　)
36) 사리에 맞는 말이다. …………………………(　　　　)
37) 잘못이 명백히 드러났다. ……………………(　　　　)
38) 목전의 이익만을 챙겨서는 안 된다. ………(　　　　)
39) 온 마을에 소문이 났다. ……………………(　　　　)
40) 백미 한가마를 보내왔다. ……………………(　　　　)

6급(5) 예상문제   월 일 / 확인

4 다음 漢字의 反對字(반대자) 또는 相對字(상대자)를 골라 번호를 쓰세요.

　　41) 天 (　　) ① 來　② 午　③ 地　④ 數
　　42) 秋 (　　) ① 市　② 物　③ 春　④ 千

5 다음 (　　)안에 들어갈 漢字를 보기에서 찾아 그 번호를 쓰세요.

<보기>
① 東　② 大　③ 校　④ 萬　⑤ 千　⑥ 老

　　43) 名山(　　)川 : 이름난 산과 큰 내
　　44) 百(　　)大軍 : 백만 명이나 되는 큰 군대

6 다음 漢字와 뜻이 비슷한 漢字를 골라 그 번호를 쓰세요.

　　45) 道 (　　) : ① 同　② 來　③ 近　④ 路
　　46) 郡 (　　) : ① 邑　② 遠　③ 內　④ 農

7 다음에서 소리는 같으나 뜻이 다른 漢字를 골라 그 번호를 쓰세요.

　　47) 禮 (　　) : ① 例　② 李　③ 理　④ 等
　　48) 路 (　　) : ① 頭　② 老　③ 待　④ 度
　　49) 利 (　　) : ① 圖　② 讀　③ 理　④ 童

6급(5) 예상문제   월 일 / 확인

❽ 다음 漢字語의 뜻을 쓰세요.

50) 道路 :

51) 便利 :

❾ 다음 漢字의 ㉠획은 몇 번째 쓰는지 <보기>에서 찾아 그 번호를 쓰세요.

<보기>
① 첫 번째   ② 두 번째   ③ 세 번째
④ 네 번째   ⑤ 다섯 번째   ⑥ 여섯 번째
⑦ 일곱 번째   ⑧ 여덟 번째   ⑨ 아홉 번째
⑩ 열 번째   ⑪ 열한 번째   ⑫ 열두 번째

52) 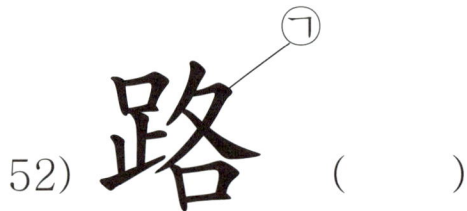 (   )

53)  (   )

6급(5) 예상문제 정답

1	백미	19	노상	37	明白
2	소문	20	예식	38	目前
3	목전	21	길 로	39	所聞
4	명백	22	이할 리	40	白米
5	사리	23	다스릴 리	41	③
6	이화	24	눈 목	42	③
7	편리	25	쌀 미	43	②
8	녹지	26	예도 례	44	④
9	도로	27	푸를 록	45	④
10	예물	28	성 리 / 오얏 리	46	①
11	미음	29	밝을 명	47	①
12	신문	30	들을 문	48	②
13	제목	31	禮物	49	③
14	명월	32	道路	50	사람과 차가 다니는 길
15	이유	33	綠地	51	편하고 이로운 것
16	이씨	34	便利	52	⑨
17	승리	35	李花	53	⑦
18	녹색	36	事理		

四字小學 (3)
사 자 소 학

父母 出入 이어든 부모님이 출입하시거든
아비부 어미모 날출 들입

每必 起立 하라 **매양 반드시 일어서라**
매양매 반드시필 일어날기 설립

父母 衣服 을 부모님 의복을
아비부 어미모 옷의 옷복

勿踰 勿踐 하라 **넘지 말고 밟지 말라**
말물 넘을유 말물 밟을천

父母 有病 이어든 부모님이 병환이 있으시거든
아비부 어미모 있을유 병병

憂而 謀瘳 하라 **근심하고 병 낫게 할 것을 꾀하라**
근심우 말이을이 꾀모 병나을추

對案 不食 이어든 밥상을 대하고도 잡수시지 않거든
대할대 밥상안 아닐불 먹을식

思得 良饌 하라 **좋은 반찬 얻기를 생각하라**
생각사 얻을득 좋을량 반찬찬

出必 告之 하고 나갈 때는 반드시 고하고
날출 반드시필 고할고 어조사지

反必 拜謁 하라 **돌아오면 반드시 절하고 뵈어라**
돌아올반 반드시필 절배 뵐알

出入 門戶 어든 문호를 출입하거든
날출 들입 문문 지게문호

開閉 必恭 하라 **열고 닫기를 반드시 공손히 하라**
열개 닫을폐 반드시필 공손할손

7급(1) 기출·예상문제

시험시간: 50분 / 출제문항수: 70개 / 합격점: 49개

1 다음 漢字한자의 讀音(독음: 읽는 소리)을 쓰세요.

<보기>　　韓國 → 한국

(1) 先祖 (　　)　(2) 世上 (　　)　(3) 安全 (　　)
(4) 三重 (　　)　(5) 手下 (　　)　(6) 數學 (　　)
(7) 孝子 (　　)　(8) 洞里 (　　)　(9) 敎室 (　　)
(10) 空白 (　　)　(11) 百方 (　　)　(12) 心算 (　　)
(13) 生物 (　　)　(14) 植木 (　　)　(15) 家門 (　　)
(16) 每年 (　　)　(17) 平面 (　　)　(18) 靑春 (　　)
(19) 名答 (　　)　(20) 月色 (　　)　(21) 萬事 (　　)
(22) 天氣 (　　)　(23) 內外 (　　)　(24) 正直 (　　)
(25) 民間 (　　)　(26) 市場 (　　)　(27) 日記 (　　)
(28) 休校 (　　)　(29) 七夕 (　　)　(30) 村長 (　　)
(31) 四寸 (　　)　(32) 自然 (　　)　(33) 男便 (　　)
(34) 農夫 (　　)

2 다음 漢字한자의 훈(訓: 뜻)과 음(音: 소리)을 쓰세요.

<보기>　　國 → 나라 국

(35) 動 (　　)　(36) 午 (　　)　(37) 育 (　　)
(38) 海 (　　)　(39) 命 (　　)　(40) 工 (　　)
(41) 草 (　　)　(42) 南 (　　)　(43) 時 (　　)
(44) 來 (　　)　(45) 邑 (　　)　(46) 入 (　　)
(47) 歌 (　　)　(48) 弟 (　　)　(49) 川 (　　)
(50) 主 (　　)　(51) 所 (　　)　(52) 有 (　　)
(53) 住 (　　)　(54) 花 (　　)

3 다음 훈(訓: 뜻)과 음(音: 소리)에 맞는 漢字한자를 <보기>에서 골라 그 번호를 쓰세요.

<보기>
① 同 ② 秋 ③ 食 ④ 立 ⑤ 話
⑥ 旗 ⑦ 出 ⑧ 道 ⑨ 林 ⑩ 車

(55) 기   기 (   )   (56) 한가지 동 (   )   (57) 설   립 (   )
(58) 가을 추 (   )   (59) 길   도 (   )   (60) 날   출 (   )
(61) 수풀 림 (   )   (62) 밥   식 (   )   (63) 말씀 화 (   )
(64) 수레 차 (   )

4 다음 漢字한자의 상대 또는 반대되는 漢字한자를 <보기>에서 골라 그 번호를 쓰세요.

<보기>
① 東   ② 冬   ③ 前   ④ 左

(65) 後 ↔ (   )   (66) 夏 ↔ (   )

5 다음 漢字語한자어의 뜻을 쓰세요.
(67) 登山 :
(68) 水中 :

6 다음 ㉠획은 몇 번째 쓰는지 아래에서 찾아 그 번호를 쓰세요.
① 첫 번째   ② 두 번째   ③ 세 번째   ④ 네 번째
⑤ 다섯 번째 ⑥ 여섯 번째 ⑦ 일곱 번째 ⑧ 여덟 번째
⑨ 아홉 번째 ⑩ 열 번째   ⑪ 열한 번째 ⑫ 열두 번째

(69) 北 (   )   (70) 軍 (   )

7급(2) 기출·예상문제

시험시간: 50분 / 출제문항수: 70개 / 합격점: 49개

1 다음 漢字한자의 讀音(독음: 읽는 소리)을 쓰세요.

<보기>　　　韓國 → 한국

(1) 面前 (　　) (2) 氣道 (　　) (3) 老後 (　　)
(4) 記入 (　　) (5) 同門 (　　) (6) 命名 (　　)
(7) 金色 (　　) (8) 萬物 (　　) (9) 休日 (　　)
(10) 正午 (　　) (11) 先王 (　　) (12) 活動 (　　)
(13) 東南 (　　) (14) 軍歌 (　　) (15) 市長 (　　)
(16) 登山 (　　) (17) 家出 (　　) (18) 空然 (　　)
(19) 天下 (　　) (20) 工事 (　　) (21) 手話 (　　)
(22) 校旗 (　　) (23) 少數 (　　) (24) 間食 (　　)
(25) 答紙 (　　) (26) 洞里 (　　) (27) 世上 (　　)
(28) 每年 (　　) (29) 民主 (　　) (30) 不安 (　　)
(31) 便所 (　　) (32) 百方 (　　) (33) 農地 (　　)
(34) 電車 (　　)

2 다음 漢字한자의 훈(訓: 뜻)과 음(音: 소리)을 쓰세요.

<보기>　　　國 → 나라 국

(35) 有 (　　) (36) 小 (　　) (37) 祖 (　　)
(38) 植 (　　) (39) 重 (　　) (40) 來 (　　)
(41) 邑 (　　) (42) 算 (　　) (43) 夏 (　　)
(44) 地 (　　) (45) 足 (　　) (46) 左 (　　)
(47) 村 (　　) (48) 母 (　　) (49) 右 (　　)
(50) 姓 (　　) (51) 室 (　　) (52) 住 (　　)
(53) 冬 (　　) (54) 花 (　　)

３ 다음 훈(訓: 뜻)과 음(音: 소리)에 맞는 漢字한자를 <보기>에서 골라 그 번호를 쓰세요.

<보기>
① 靑　② 育　③ 寸　④ 弟　⑤ 男
⑥ 夕　⑦ 江　⑧ 西　⑨ 心　⑩ 時

(55) 강　강 (　) 　(56) 마디 촌 (　) 　(57) 기를 육 (　)
(58) 아우 제 (　) 　(59) 마음 심 (　) 　(60) 푸를 청 (　)
(61) 사내 남 (　) 　(62) 때　시 (　) 　(63) 서녘 서 (　)
(64) 저녁 석 (　)

４ 다음 漢字한자의 상대 또는 반대되는 漢字한자를 <보기>에서 골라 그 번호를 쓰세요.

<보기>
① 外　② 直　③ 孝　④ 秋

(65) 春 ↔ (　　) 　　(66) 內 ↔ (　　)

５ 다음 漢字語한자어의 뜻을 쓰세요.
　　(67) 自立 :
　　(68) 海水 :

６ 다음 ㉠획은 몇 번째 쓰는지 아래에서 찾아 그 번호를 쓰세요.
　① 첫 번째　② 두 번째　③ 세 번째　④ 네 번째
　⑤ 다섯 번째　⑥ 여섯 번째　⑦ 일곱 번째　⑧ 여덟 번째
　⑨ 아홉 번째　⑩ 열 번째　⑪ 열한 번째　⑫ 열두 번째

(69) 火 (　) 　　(70) 北 (　)

7급(3) 기출·예상문제

시험시간: 50분 / 출제문항수: 70개 / 합격점: 49개

1 다음 漢字한자의 讀音(독음: 읽는 소리)을 쓰세요.

<보기>　　韓國 → 한국

(1) 農歌 (　　) (2) 植木 (　　) (3) 場面 (　　)
(4) 敎育 (　　) (5) 秋江 (　　) (6) 出世 (　　)
(7) 西山 (　　) (8) 大小 (　　) (9) 祖母 (　　)
(10) 人海 (　　) (11) 心算 (　　) (12) 七夕 (　　)
(13) 平年 (　　) (14) 先後 (　　) (15) 工學 (　　)
(16) 四足 (　　) (17) 東天 (　　) (18) 立冬 (　　)
(19) 王命 (　　) (20) 生食 (　　) (21) 內室 (　　)
(22) 事物 (　　) (23) 兄夫 (　　) (24) 門中 (　　)
(25) 所重 (　　) (26) 少時 (　　) (27) 自白 (　　)
(28) 家口 (　　) (29) 六方 (　　) (30) 民草 (　　)
(31) 市外 (　　) (32) 千字 (　　) (33) 日記 (　　)
(34) 村長 (　　)

2 다음 漢字한자의 훈(訓: 뜻)과 음(音: 소리)을 쓰세요.

<보기>　　國 → 나라 국

(35) 白 (　　) (36) 道 (　　) (37) 孝 (　　)
(38) 地 (　　) (39) 春 (　　) (40) 答 (　　)
(41) 空 (　　) (42) 里 (　　) (43) 電 (　　)
(44) 名 (　　) (45) 間 (　　) (46) 夏 (　　)
(47) 色 (　　) (48) 午 (　　) (49) 氣 (　　)
(50) 每 (　　) (51) 南 (　　) (52) 上 (　　)
(53) 活 (　　) (54) 軍 (　　)

3 다음 훈(訓: 뜻)과 음(音: 소리)에 맞는 漢字한자를 <보기>에서 골라 그 번호를 쓰세요.

<보기>
① 車 ② 萬 ③ 老 ④ 邑 ⑤ 同
⑥ 然 ⑦ 林 ⑧ 數 ⑨ 姓 ⑩ 安

(55) 성 성 (   )   (56) 한가지 동 (   )   (57) 편안 안 (   )
(58) 셈 수 (   )   (59) 수레 차 (   )   (60) 그럴 연 (   )
(61) 수풀 림 (   )   (62) 늙을 로 (   )   (63) 고을 읍 (   )
(64) 일만 만 (   )

4 다음 漢字한자의 상대 또는 반대되는 漢字한자를 <보기>에서 골라 그 번호를 쓰세요.

<보기>
① 北 ② 男 ③ 左 ④ 洞

(65) (   ) ↔ 右   (66) (   ) ↔ 女

5 다음 漢字語한자어의 뜻을 쓰세요.
(67) 登校 :
(68) 手動 :

6 다음 ㉠획은 몇 번째 쓰는지 아래에서 찾아 그 번호를 쓰세요.
① 첫 번째   ② 두 번째   ③ 세 번째   ④ 네 번째
⑤ 다섯 번째 ⑥ 여섯 번째 ⑦ 일곱 번째 ⑧ 여덟 번째
⑨ 아홉 번째 ⑩ 열 번째   ⑪ 열한 번째 ⑫ 열두 번째

7급(4) 기출·예상문제

시험시간: 50분 / 출제문항수: 70개 / 합격점: 49개

1 다음 漢字한자의 讀音(독음: 읽는 소리)을 쓰세요.

<보기>　　韓國 → 한국

(1) 王弟 (　　)　(2) 先學 (　　)　(3) 前年 (　　)
(4) 登校 (　　)　(5) 道立 (　　)　(6) 命名 (　　)
(7) 食事 (　　)　(8) 活力 (　　)　(9) 老後 (　　)
(10) 動物 (　　)　(11) 北方 (　　)　(12) 南海 (　　)
(13) 左面 (　　)　(14) 右軍 (　　)　(15) 生氣 (　　)
(16) 時間 (　　)　(17) 空中 (　　)　(18) 外祖 (　　)
(19) 平正 (　　)　(20) 所有 (　　)　(21) 千里 (　　)
(22) 室內 (　　)　(23) 邑長 (　　)　(24) 洞門 (　　)
(25) 農場 (　　)　(26) 市民 (　　)　(27) 電車 (　　)
(28) 村歌 (　　)　(29) 安住 (　　)　(30) 工夫 (　　)
(31) 旗手 (　　)　(32) 日記 (　　)　(33) 孝女 (　　)
(34) 花草 (　　)

2 다음 漢字한자의 훈(訓: 뜻)과 음(音: 소리)을 쓰세요.

<보기>　　國 → 나라 국

(35) 休 (　　)　(36) 江 (　　)　(37) 紙 (　　)
(38) 算 (　　)　(39) 百 (　　)　(40) 春 (　　)
(41) 西 (　　)　(42) 川 (　　)　(43) 午 (　　)
(44) 足 (　　)　(45) 夏 (　　)　(46) 父 (　　)
(47) 冬 (　　)　(48) 話 (　　)　(49) 姓 (　　)
(50) 寸 (　　)　(51) 重 (　　)　(52) 植 (　　)
(53) 夕 (　　)　(54) 母 (　　)

3 다음 훈(訓: 뜻)과 음(音: 소리)에 맞는 漢字한자를 <보기>에서 골라 그 번호를 쓰세요.

<보기>
① 直 ② 東 ③ 家 ④ 少 ⑤ 答
⑥ 男 ⑦ 每 ⑧ 全 ⑨ 兄 ⑩ 白

(55) 매양 매 (   )   (56) 집 가 (   )   (57) 동녘 동 (   )
(58) 적을 소 (   )   (59) 형 형 (   )   (60) 곧을 직 (   )
(61) 대답 답 (   )   (62) 흰 백 (   )   (63) 온전 전 (   )
(64) 사내 남 (   )

4 다음 漢字한자의 상대 또는 반대되는 漢字한자를 <보기>에서 골라 그 번호를 쓰세요.

<보기>
① 天   ② 便   ③ 心   ④ 入

(65) 出 ↔ (   )   (66) (   ) ↔ 地

5 다음 漢字語한자어의 뜻을 쓰세요.
   67) 靑色 :
   68) 大小 :

6 다음 ㉠획은 몇 번째 쓰는지 아래에서 찾아 그 번호를 쓰세요.
① 첫 번째   ② 두 번째   ③ 세 번째   ④ 네 번째
⑤ 다섯 번째 ⑥ 여섯 번째 ⑦ 일곱 번째 ⑧ 여덟 번째
⑨ 아홉 번째 ⑩ 열 번째   ⑪ 열한 번째 ⑫ 열두 번째

7급(5) 기출·예상문제

시험시간: 50분 / 출제문항수: 70개 / 합격점: 49개

1 다음 漢字한자의 讀音(독음: 읽는 소리)을 쓰세요.

<보기>　　韓國 → 한국

(1) 百萬 (　) (2) 每月 (　) (3) 邑面 (　)
(4) 農事 (　) (5) 大同 (　) (6) 安全 (　)
(7) 歌手 (　) (8) 世間 (　) (9) 六寸 (　)
(10) 心中 (　) (11) 名門 (　) (12) 室長 (　)
(13) 自動 (　) (14) 電車 (　) (15) 祖上 (　)
(16) 孝道 (　) (17) 空山 (　) (18) 少數 (　)
(19) 十里 (　) (20) 午後 (　) (21) 左右 (　)
(22) 國軍 (　) (23) 內外 (　) (24) 登校 (　)
(25) 正方 (　) (26) 靑年 (　) (27) 春川 (　)
(28) 市長 (　) (29) 花林 (　) (30) 民生 (　)
(31) 休日 (　) (32) 立夏 (　) (33) 白旗 (　)
(34) 土色 (　)

2 다음 漢字한자의 훈(訓: 뜻)과 음(音: 소리)을 쓰세요.

<보기>　　國 → 나라 국

(35) 姓 (　) (36) 植 (　) (37) 夕 (　)
(38) 食 (　) (39) 然 (　) (40) 有 (　)
(41) 算 (　) (42) 弟 (　) (43) 學 (　)
(44) 住 (　) (45) 重 (　) (46) 時 (　)
(47) 平 (　) (48) 男 (　) (49) 江 (　)
(50) 來 (　) (51) 夫 (　) (52) 足 (　)
(53) 老 (　) (54) 出 (　)

3 다음 훈(訓: 뜻)과 음(音: 소리)에 맞는 漢字한자를 <보기>에서 골라 그 번호를 쓰세요.

<보기>
① 工 ② 記 ③ 入 ④ 冬 ⑤ 答
⑥ 洞 ⑦ 前 ⑧ 草 ⑨ 育 ⑩ 秋

(55) 기록할 기 (　　)　(56) 가을 추 (　　)　(57) 기를 육 (　　)
(58) 장인 공 (　　)　(59) 앞　전 (　　)　(60) 대답 답 (　　)
(61) 겨울 동 (　　)　(62) 골　동 (　　)　(63) 풀　초 (　　)
(64) 들　입 (　　)

4 다음 漢字한자의 상대 또는 반대되는 漢字한자를 <보기>에서 골라 그 번호를 쓰세요.

<보기>
① 不 ② 南 ③ 東 ④ 子

(65) 北 ↔ (　　　)　　(66) (　　　) ↔ 父

5 다음 漢字語한자어의 뜻을 쓰세요.
(67) 人命 :
(68) 海水 :

6 다음 ㉠획은 몇 번째 쓰는지 아래에서 찾아 그 번호를 쓰세요.
① 첫 번째　② 두 번째　③ 세 번째　④ 네 번째
⑤ 다섯 번째　⑥ 여섯 번째　⑦ 일곱 번째　⑧ 여덟 번째
⑨ 아홉 번째　⑩ 열 번째　⑪ 열한 번째　⑫ 열두 번째

(69)  (　　)　　(70)  (　　)

7급(1) 기출·예상문제 정답

1	선조	25	민간	49	내 천
2	세상	26	시장	50	주인 주
3	안전	27	일기	51	바 소
4	삼중	28	휴교	52	있을 유
5	수하	29	칠석	53	살 주
6	수학	30	촌장	54	꽃 화
7	효자	31	사촌	55	⑥
8	동리	32	자연	56	①
9	교실	33	남편	57	④
10	공백	34	농부	58	②
11	백방	35	움직일 동	59	⑧
12	심산	36	낮 오	60	⑦
13	생물	37	기를 육	61	⑨
14	식목	38	바다 해	62	③
15	가문	39	목숨 명	63	⑤
16	매년	40	장인 공	64	⑩
17	평면	41	풀 초	65	③
18	청춘	42	남녘 남	66	②
19	명답	43	때 시	67	산에 오름
20	월색	44	올 래	68	물속
21	만사	45	고을 읍	69	④
22	천기	46	들 입	70	⑧
23	내외	47	노래 가		
24	정직	48	아우 제		

7급(2) 기출·예상문제 정답

1	면전	25	답지	49	오른 우
2	기도	26	동리	50	성 성
3	노후	27	세상	51	집 실
4	기입	28	매년	52	살 주
5	동문	29	민주	53	겨울 동
6	명명	30	불안	54	꽃 화
7	금색	31	변소	55	⑦
8	만물	32	백방	56	③
9	휴일	33	농지	57	②
10	정오	34	전차	58	④
11	선왕	35	있을 유	59	⑨
12	활동	36	작을 소	60	①
13	동남	37	할아비 조	61	⑤
14	군가	38	심을 식	62	⑩
15	시장	39	무거울 중	63	⑧
16	등산	40	올 래	64	⑥
17	가출	41	고을 읍	65	④
18	공연	42	셈 산	66	①
19	천하	43	여름 하	67	스스로 서는 것
20	공사	44	따 지	68	바닷물
21	수화	45	발 족	69	②
22	교기	46	왼 좌	70	④
23	소수	47	마을 촌		
24	간식	48	어미 모		

7급(3) 기출·예상문제 정답

1	농가	25	소중	49	기운 기
2	식목	26	소시	50	매양 매
3	장면	27	자백	51	남녘 남
4	교육	28	가구	52	윗 상
5	추강	29	육방	53	살 활
6	출세	30	민초	54	군사 군
7	서산	31	시외	55	⑨
8	대소	32	천자	56	⑤
9	조모	33	일기	57	⑩
10	인해	34	촌장	58	⑧
11	심산	35	흰 백	59	①
12	칠석	36	길 도	60	⑥
13	평년	37	효도 효	61	⑦
14	선후	38	따 지	62	③
15	공학	39	봄 춘	63	④
16	사족	40	대답 답	64	②
17	동천	41	빌 공	65	③
18	입동	42	마을 리	66	②
19	왕명	43	번개 전	67	학교에 가는 것
20	생식	44	이름 명	68	손으로 움직임
21	내실	45	사이 간	69	⑧
22	사물	46	여름 하	70	④
23	형부	47	빛 색		
24	문중	48	낮 오		

7급(4) 기출·예상문제 정답

1	왕제	25	농장	49	성 성
2	선학	26	시민	50	마디 촌
3	전년	27	전차	51	무거울 중
4	등교	28	촌가	52	심을 식
5	도립	29	안주	53	저녁 석
6	명명	30	공부	54	어미 모
7	식사	31	기수	55	⑦
8	활력	32	일기	56	③
9	노후	33	효녀	57	②
10	동물	34	화초	58	④
11	북방	35	쉴 휴	59	⑨
12	남해	36	강 강	60	①
13	좌면	37	종이 지	61	⑤
14	우군	38	셈 산	62	⑩
15	생기	39	일백 백	63	⑧
16	시간	40	봄 춘	64	⑥
17	공중	41	서녘 서	65	④
18	외조	42	내 천	66	①
19	평정	43	낮 오	67	푸른 빛깔
20	소유	44	발 족	68	크고 작음
21	천리	45	여름 하	69	③
22	실내	46	아비 부	70	⑤
23	읍장	47	겨울 동		
24	동문	48	말씀 화		

7급(5) 기출·예상문제 정답

1	백만	25	정방	49	강 강
2	매월	26	청년	50	올 래
3	읍면	27	춘천	51	지아비 부
4	농사	28	시장	52	발 족
5	대동	29	화림	53	늙을 로
6	안전	30	민생	54	날 출
7	가수	31	휴일	55	②
8	세간	32	입하	56	⑩
9	육촌	33	백기	57	⑨
10	심중	34	토색	58	①
11	명문	35	성 성	59	⑦
12	실장	36	심을 식	60	⑤
13	자동	37	저녁 석	61	④
14	전차	38	밥 식/먹을 식	62	⑥
15	조상	39	그럴 연	63	⑧
16	효도	40	있을 유	64	③
17	공산	41	셈 산	65	②
18	소수	42	아우 제	66	④
19	십리	43	배울 학	67	사람의 목숨
20	오후	44	살 주	68	바닷물
21	좌우	45	무거울 중	69	⑥
22	국군	46	때 시	70	⑧
23	내외	47	평평할 평		
24	등교	48	사내 남		

부수자(部首字: 214자) 일람표(一覽表)

1획
- 一 한 일
- 丨 뚫을 곤
- 丶 점 주
- 丿 삐칠 별
- 乙 새 을
- 亅 갈고리 궐

2획
- 二 두 이
- 亠 머리부분 두
- 人亻 사람 인
- 儿 어진사람인
- 入 들 입
- 八 나눌 팔
- 冂 멀 경
- 冖 덮을 멱
- 冫 얼음 빙
- 几 걸상 궤
- 凵 입벌릴 감
- 刀 칼 도
- 力 힘 력
- 勹 감쌀 포
- 匕 숟가락 비
- 匚 상자 방
- 匸 감출 혜
- 十 열 십
- 卜 점 복
- 卩 병부절
- 厂 언덕 한
- 厶 사사 사
- 又 손 우

3획
- 口 입 구
- 囗 에워쌀 위
- 土 흙 토
- 士 선비 사
- 夂 뒤져올 치
- 夊 천천히 걸을 쇠
- 夕 저녁 석
- 大 큰 대
- 女 계집 녀
- 子 아들 자
- 宀 집 면
- 寸 마디 촌
- 小 작을 소
- 尢 절름발이 왕
- 尸 누울 시
- 屮 싹날 철
- 山 메 산
- 巛 내 천
- 工 장인 공
- 己 몸 기
- 巾 수건 건
- 干 방패 간
- 幺 작을 요
- 广 집 엄
- 廴 연이어 걸을 인
- 廾 두손 공
- 弋 주살 익
- 弓 활 궁
- 彑⺕ 돼지머리 계
- 彡 무늬 삼
- 彳 걸을 척

4획
- 心 마음 심
- 戈 창 과
- 戶 지게문 호
- 手扌 손 수
- 支 나눌 지
- 攴攵 칠 복
- 文 글월 문
- 斗 말 두
- 斤 도끼 근
- 方 모 방
- 无 없을 무
- 日 해 일
- 曰 말할 왈
- 月 달 월
- 木 나무 목
- 欠 하품 흠
- 止 그칠 지
- 歹 남은뼈 알
- 殳 창 수
- 毋 말 무
- 比 견줄 비
- 毛 터럭 모
- 氏 뿌리 씨
- 气 기운 기
- 水氵 물 수
- 火 불 화
- 爪 손톱 조
- 父 아비 부
- 爻 점괘 효
- 爿 조각 장
- 片 조각 편
- 牙 어금니 아
- 牛牜 소 우
- 犬犭 개 견

5획
- 玄 검을 현
- 玉 구슬 옥
- 瓜 외 과
- 瓦 기와 와
- 甘 달 감
- 生 날 생
- 用 쓸 용
- 田 밭 전
- 疋 발 소
- 疒 병들 녁
- 癶 걸을 발
- 白 흰 백
- 皮 가죽 피
- 皿 그릇 명
- 目 눈 목
- 矛 창 모
- 矢 화살 시
- 石 돌 석
- 示 보일 시
- 禸 짐승발자국 유
- 禾 벼 화
- 穴 구멍 혈
- 立 설 립

6획
- 竹 대 죽
- 米 쌀 미
- 糸 실 사
- 缶 장군 부
- 网⺲⺳ 그물 망
- 羊 양 양
- 羽 날개 우
- 老 늙을 로
- 而 말이을 이
- 耒 쟁기 뢰
- 耳 귀 이
- 聿 붓 률
- 肉⺼ 고기 육
- 臣 신하 신
- 自 코 자
- 至 이를 지
- 臼 절구 구
- 舌 혀 설
- 舛 어그러질 천
- 舟 배 주
- 艮 괘이름 간
- 色 빛 색
- 艸⺾ 풀 초
- 虍 범무늬 호
- 虫 벌레 충
- 血 피 혈
- 行 다닐 행
- 衣衤 옷 의
- 襾 덮을 아

7획
- 見 볼 견
- 角 뿔 각
- 言 말씀 언
- 谷 골 곡
- 豆 콩 두
- 豕 돼지 시
- 豸 사나운짐승 치
- 貝 조개 패
- 赤 붉을 적
- 走 달릴 주
- 足 발 족
- 身 몸 신
- 車 수레 거(차)
- 辛 매울 신
- 辰 별 진
- 辵⻍ 갈 착
- 邑⻏ 고을 읍
- 酉 술 유
- 釆 분별할 변
- 里 마을 리

8획
- 金 쇠 금
- 長 긴 장
- 門 문 문
- 阜⻖ 언덕 부
- 隶 미칠 체
- 隹 새 추
- 雨 비 우
- 青 푸를 청
- 非 아닐 비

9획
- 面 낯 면
- 革 가죽 혁
- 韋 다룸가죽 위
- 韭 부추 구
- 音 소리 음
- 頁 머리 혈
- 風 바람 풍
- 飛 날 비
- 食 밥 식
- 首 머리 수
- 香 향기 향

10획
- 馬 말 마
- 骨 뼈 골
- 高 높을 고
- 髟 털늘어질 표
- 鬥 싸울 투
- 鬯 기장술 창
- 鬲 오지병 격
- 鬼 귀신 귀

11획
- 魚 물고기 어
- 鳥 새 조
- 鹵 소금밭 로
- 鹿 사슴 록
- 麥 보리 맥
- 麻 삼 마

12획
- 黃 누를 황
- 黍 기장 서
- 黑 검을 흑
- 黹 바느질할 치

13획
- 黽 맹꽁이 맹
- 鼎 솥 정
- 鼓 북 고
- 鼠 쥐 서

14획
- 鼻 코 비
- 齊 가지런할 제

15획
- 齒 이 치

16획
- 龍 용 룡
- 龜 거북 귀

17획
- 龠 피리 약